CÓMO HABLAR DE CUALQUIER COSA CON CUALQUIER PERSONA

Incrementa tu Inteligencia Social y Vuélvete un Maestro de las Conversaciones

IKE COX

© Copyright 2022 – Ike Cox - Todos los derechos reservados.

Este documento está orientado a proporcionar información exacta y confiable con respecto al tema tratado. La publicación se vende con la idea de que el editor no tiene la obligación de prestar servicios oficialmente autorizados o de otro modo calificados. Si es necesario un consejo legal o profesional, se debe consultar con un individuo practicado en la profesión.

- Tomado de una Declaración de Principios que fue aceptada y aprobada por unanimidad por un Comité del Colegio de Abogados de Estados Unidos y un Comité de Editores y Asociaciones.

De ninguna manera es legal reproducir, duplicar o transmitir cualquier parte de este documento en forma electrónica o impresa.

La grabación de esta publicación está estrictamente prohibida y no se permite el almacenamiento de este documento a menos que cuente con el permiso por escrito del editor. Todos los derechos reservados.

La información provista en este documento es considerada veraz y coherente, en el sentido de que cualquier responsabilidad, en términos de falta de atención o de otro tipo, por el uso o abuso de cualquier política, proceso o dirección contenida en el mismo, es responsabilidad absoluta y exclusiva del lector receptor. Bajo ninguna circunstancia se responsabilizará legalmente al editor por cualquier reparación, daño o pérdida monetaria como consecuencia de la información contenida en este documento, ya sea directa o indirectamente.

Los autores respectivos poseen todos los derechos de autor que no pertenecen al editor.

La información contenida en este documento se ofrece únicamente con fines informativos, y es universal como tal. La presentación de la información se realiza sin contrato y sin ningún tipo de garantía endosada.

El uso de marcas comerciales en este documento carece de consentimiento, y la publicación de la marca comercial no tiene ni el permiso ni el respaldo del propietario de la misma.

Todas las marcas comerciales dentro de este libro se usan solo para fines de aclaración y pertenecen a sus propietarios, quienes no están relacionados con este documento.

Índice

Introducción　　vii

1. Autoconciencia　　1
2. Beneficios de la comunicación　　13
3. Confianza, valor, perseverancia　　33
4. Los Fundamentos De La Comunicación　　51
5. El lenguaje corporal esencial　　61
6. La capacidad de escuchar es un superpoder　　71
7. Cómo dominar la conversación trivial　　81
8. Cómo iniciar una conversación con cualquier persona　　91
9. Cómo evitar los silencios incómodos　　101
10. Desarrollar su carisma　　109
11. Cómo cautivar a los oyentes　　115
12. Ser interesante　　123
13. Establecer conexiones significativas　　139

Conclusión　　153

Introducción

Cuando era niño, no tenía amigos. Puede que a muchos de ustedes les suene extraño. ¿Cómo es una vida sin amigos?

Para ser sincero, era bastante solitario. Iba a la escuela, hacía el trabajo, volvía a casa, estudiaba, me iba a la cama, y el ciclo se repetía, día tras día, en una monotonía implacable que se negaba a ceder.

Hace un año, quedé con una de mis mejores amigas (sí, a medida que fui creciendo, aprendí a hacerlas) para comer.

Mientras tomábamos nuestras sangrías y disfrutábamos de un delicioso pastel de pasta italiana, me miró y se rió. Sorprendida, le pregunté si tenía salsa en la cara (la comida italiana es deliciosa, pero puedo ser un poco desordenada cuando me involucro demasiado en la comida).

Ella sonrió y dijo: "No, no. No es eso. Sólo estaba pensando en cómo eras una década atrás.

Te odiaba absolutamente, y si mi yo del pasado hubiera sabido que íbamos a ser tan buenos amigos, ¡se habría quedado de piedra!"

La miré fijamente durante un minuto, sorprendido de mi aturdimiento alimenticio. "¿De verdad? ¿Qué había de diferente en mí entonces?"

"¿No lo sabías? Hubiera supuesto que era intencionado por tu parte porque no tenías amigos". Resoplé, un poco molesto. "Bueno, sí, pero pensé que eso tenía que ver con ser un niño solitario que no sabía hablar con los demás".

"No, tonto", volvió a reírse. "¿Cómo íbamos a saber que te costaba tener confianza social o ser amable? Todos lo atribuimos a la idea de que eras demasiado orgulloso y que siempre te sentías mejor que el resto. Venías a clase, dabas todas las respuestas correctas, nos hacías sentir como imbéciles y luego te ibas sin mirar atrás ni intentar entablar conversación. Pensábamos que eras así a propósito".

Estimado lector, créeme, me sorprendió. Nunca me había dado cuenta de que el problema, en alguna parte, estaba en *mí y en cómo me proyectaba*. Simplemente pensaba que el problema estaba en la sociedad en general, que la gente era mala y antipática, y que yo no le importaba a nadie. No me paré a pensar que yo tenía algún papel en esto. Fue como si un mundo nuevo se abriera ante mis ojos, un mundo en el

Introducción

que comprendí que hay demasiadas personas que han sufrido, o están sufriendo, la misma situación que yo.

En ese momento, supe que tenía que tender la mano y ayudar, como fuera. Así que aquí estamos.

Déjeme preguntarle algo. ¿Eres alguien que quiere participar de forma más productiva en tus círculos sociales, *pero no tienes ni idea de por dónde empezar?* Miras a otros que parecen tener todos los amigos y todo el protagonismo, y te preguntas con nostalgia qué tienen esas personas que las hace tan adorables y tan propensas a ser aceptadas, mientras que tú te quedas en la sombra, sintiéndote incómodo e inseguro de cómo hacer siquiera un buen amigo.

En su forma más simple y rudimentaria, la comunicación implica el acto de transferir información de una fuente a un receptor, en un ciclo que activa una interacción productiva entre ambas partes.

Si lo piensas bien, la comunicación no depende sólo de las palabras que dices. Puedes ser el mejor orador de todo el mundo, pero no tendrás ni un solo amigo a menos que seas capaz de moldear tu lenguaje corporal en algo que *atraiga a la gente. La* verdadera comunicación requiere que establezcas conexiones no sólo con las palabras, sino con *todo tu cuerpo, incluidas tus expresiones faciales.*

Aprender a comunicarse de forma eficaz es una de las habilidades más importantes de la vida que te van a inculcar. Por desgracia, no te enseñan estas cosas en un plan de estudios académico convencional.

Las escuelas y los colegios no te enseñan cómo hablar bien, cómo moldear tu lenguaje corporal para que la gente no te encuentre hostil, y cómo puedes aprender a *comunicarte* de verdad.

Son habilidades que se aprenden, de nuestras familias, del entorno que nos rodea y de nuestra propia reticencia o receptividad a lo que ocurre a nuestro alrededor.

Si observamos el ámbito más amplio de la vida, veremos que *todos y cada uno de los aspectos de la misma se ven afectados por la comunicación*. Desde la vida profesional hasta las interacciones y relaciones que se establecen en la vida personal, todo depende de la forma de comunicarse. Una simple diferencia en el lenguaje corporal puede ayudar a evitar una pelea entre amigos o parejas o una riña en el trabajo, o puede empeorarla.

Unas buenas habilidades de comunicación son importantes para cualquier proyecto en el que tengas que comunicarte y cooperar con otros, ya que te ayudarán a plantear una visión a tus objetivos y a preparar todo por adelantado. Si trabaja en el sector de los servicios, la importancia de la comunicación se manifiesta en la forma de interactuar con sus clientes y otras personas. Por ejemplo, si trabaja en el sector sanitario, la comunicación es un agente clave para

Introducción

establecer una relación de confianza entre sus pacientes y usted.

Incluso en las entrevistas de trabajo, las buenas habilidades de comunicación desempeñan un papel importante a la hora de garantizar que se percibe como alguien seguro de sí mismo, comprometido y digno del puesto. Si estás en un entorno empresarial, la comunicación es importante para establecer buenas relaciones con las distintas jerarquías, motivar a los que te rodean y trabajar por el éxito de la organización.

En términos generales, no hay ninguna parte de la vida o de las relaciones sociales que pueda prosperar sin comunicación.

La comunicación le ayuda a desarrollar su capacidad de escucha. Saber escuchar atentamente es una habilidad importante para una comunicación eficaz. Es tu capacidad para demostrar empatía, ser abierto de mente y hacer una crítica constructiva en respuesta a lo que has oído. Tu personalidad, actitud y habilidades de comunicación no verbal también te ayudarán a ser eficaz en el trato con las personas de tu equipo.

La confianza crece cuando hay una comunicación abierta. Ser capaz de escuchar activamente y aceptar muchos puntos de vista permite a sus colegas creer que usted toma las mejores decisiones para todos en el grupo. Al encarnar las cualidades que desea ver en los demás, animará a sus subordinados a confiar en los demás miembros del equipo, lo que les hará más propensos a realizar sus tareas de forma competente.

La comunicación ayuda a resolver los problemas subyacentes.

Si quieres evitar peleas con los demás y no tener conflictos, es fundamental que sepas comunicarte bien. Para llegar a una conclusión satisfactoria, mantén la calma, asegúrate de que todo el mundo tiene voz y encuentra una opción que guste a todos.

La comunicación ayuda a crear una dirección y un enfoque en el lugar de trabajo. Para proporcionar a su equipo una dirección adecuada, debe comunicarles bien. Ayudar a los compañeros de trabajo en las áreas que necesitan mejorar de manera positiva debe incluir señalar métodos para hacer que las cosas funcionen y dar una crítica constructiva.

Entender tanto sus propias tareas como las de sus otros compañeros puede ayudar a minimizar los malentendidos y, por tanto, a disminuir las disputas.

La comunicación es importante para establecer vínculos interpersonales más fuertes. Tanto para las relaciones personales como para las profesionales, es importante mejorar la comunicación. Hacer excelentes comentarios y escuchar con atención ayuda a que los demás se sientan escuchados y comprendidos. Se fomenta el respeto mutuo; por lo tanto, se desarrolla una relación más sana.

Introducción

La comunicación aumenta la participación. Sentirse mejor sobre lo que están haciendo y lo que tienen que lograr hace que los individuos estén más entusiasmados con su trabajo en general. Si se centra en una comunicación clara, podrá aumentar el interés de los miembros de su equipo y mejorar la satisfacción con su empresa.

La comunicación aumenta el rendimiento. Los miembros del equipo saben lo que tienen que hacer cuando conocen lo que se espera de ellos, las responsabilidades que tienen en el trabajo y lo que hacen los demás miembros del equipo. Los conflictos se abordan más fácilmente gracias a una mejor comunicación, lo que permite a los trabajadores gestionar mejor sus cargas de trabajo y reducir las distracciones. Esto significa que su personal va a ser más productivo, ya que tendrá acceso a estas ventajas.

En el lugar de trabajo, la comunicación fomenta la colaboración y la creación de equipos. Cuando todos se comunican mejor, podrán confiar los unos en los otros con más frecuencia. Todos sentirán que tienen una carga justa que soportar, por lo que nadie se frustrará. Esta mejor división del trabajo mejorará las conexiones del equipo y motivará a sus miembros, creando más disfrute del trabajo y productividad.

Una excelente capacidad de comunicación puede mejorar la experiencia laboral de todos, ya que fomenta la confianza en sus capacidades. Aumenta el ambiente positivo en el entorno de trabajo al hacer que los demás se sientan escuchados y apreciados.

Introducción

No hay ningún aspecto de la vida que no pueda beneficiarse si se aprenden las habilidades para comunicarse bien. Y ahora, te estarás preguntando por qué un autoproclamado bicho raro torpe, que tuvo problemas para hacer amigos, está aquí, escribiendo este libro y compartiendo esto contigo. Porque, querido lector, lo sé.

Sé lo que se siente al estar en la piel de un adolescente torpe y desgarbado, de un empleado solitario, de un estudiante universitario confundido y de un ser humano deprimido, que pensaba que nunca podría establecer una conexión real con nadie. He estado en todos estos zapatos, y he aprendido de ellos.

Llevo años aprendiendo a salir de mi caparazón y a acercarme por fin a las personas de forma que puedan verme no como un adversario, sino como alguien que puede estar a su lado, que puede escuchar lo que tienen que decir y que puede compartir con ellas partes de sí mismas y sus percepciones.

Para mí, el siguiente paso para convertirme en un comunicador eficaz cayó naturalmente en manos de este libro. Es mi trabajo de amor, mi llamada para que entiendas que vales mucho más, que eres capaz de mucho más, y que todo un mundo de oportunidades te está esperando ahí fuera. Todo lo que necesitas aprender es cómo llegar y abrirte a ellas. Déjame mostrarte cómo.

1

Autoconciencia

AL PRINCIPIO de cada viaje que emprendes, tienes que preguntarte por qué es importante para ti. ¿Qué esperas conseguir? ¿Hay algo en tu vida que no está funcionando como tú quieres? Muchas veces, el problema que creemos que existe en el entorno externo no es más que un reflejo de nuestra propia resistencia. Como mencioné en el capítulo anterior, siempre pensé que la gente se negaba a comunicarse conmigo porque era snob y yo era mejor que todos ellos. ¿Ves lo defensivo que suena eso? Nunca me paré a pensar qué estaba haciendo yo para contribuir a este problema, y si había alguna razón para que los demás evitaran buscar mi compañía.

Lo primero que hice cuando decidí trabajar en mí mismo fue practicar la autoconciencia, que en pocas palabras es algo que te ayuda a mirarte *realmente a ti mismo*. Todos cometemos errores, y todos hacemos cosas que a veces desafían la naturaleza básica de lo que queremos.

Una resistencia innata en la naturaleza humana se niega a trabajar hacia un cambio positivo. El autoconocimiento te ayuda a ver el origen de esta resistencia y a reflexionar sobre por qué existe y cómo puedes trabajar en ella.

Tasha Euric, psicóloga organizacional y coach ejecutiva, escribió un interesante artículo sobre la autoconciencia para la *Harvard Business Review* en 2018. Señalaba con acierto que la autoconciencia se ha convertido en la nueva *palabra de moda*, y hay razones plausibles de por qué. Continúa señalando que hay investigaciones que respaldan los conceptos detrás de la autoconciencia, y que una vez que hemos tomado plena conciencia de quiénes somos, nos volvemos más seguros e ingeniosos. Nos volvemos capaces de tomar decisiones firmes, establecemos mejores relaciones *y nos comunicamos mucho, mucho mejor* (Eurich, 2018).

Aunque todos tenemos una idea básica de lo que constituye la autoconciencia (saber quiénes somos, conocer nuestros límites, comprender nuestros problemas y bla, bla), pocos podemos decir dónde se originó la noción de autoconciencia. Existe la teoría de la autoconciencia, que afirma que uno no es el resultado de lo que piensa, sino que es el ser que *observa* lo que piensa. Usted es el ser que *piensa*, completamente aparte del *sujeto de sus pensamientos* (Duval y

Wicklund, 1973). Esto requiere la presencia de la autoevaluación, lo que significa que, aunque podamos tener pensamientos desviados, no tenemos que actuar sobre ellos.

La capacidad de saber cómo influyen tus emociones en tu rendimiento se denomina Autoconciencia Emocional. Entiendes lo que te dicen tus sentimientos y por qué están ahí, además de cómo afectan a lo que intentas hacer. Eres capaz de identificar cómo te ven los demás y, como resultado, creas una imagen de ti mismo que se ajusta a la realidad. Eres plenamente consciente de tus propios talentos y límites, lo que te lleva a tener una confianza realista en ti mismo. Serás más decidido, ya que tienes un mayor sentido de los objetivos y sabes cuáles son tus valores. Ser un líder significa que puedes ser directo y sin pretensiones con tus ideas.

Ser consciente de uno mismo desde el punto de vista emocional no es algo que se consiga y luego no haya que volver a preocuparse por ello. Cada momento te da la oportunidad de ser consciente de ti mismo o de ignorarte. Es un esfuerzo continuo para ser consciente de uno mismo, una elección intencionada de hacerlo. Practicarlo lo hace más sencillo.

Permítame explicarlo con la ayuda de un ejemplo sencillo.

• • •

Supongamos que estás sentado con un grupo de personas.

El tema de discusión no es algo con lo que estés de acuerdo, y todo el tiempo estás pensando en lo tontos y poco razonables que están siendo los demás.

Este es tu *pensamiento*. Pero como un ser completamente funcional, estás separado de este pensamiento. Cuando aprendas a autoevaluarte, te preguntarás por qué piensas así y si necesitas ser más complaciente con los demás. Cuando alcanzas esta etapa, te vuelves más tolerante con las opiniones de los demás, lo cual es la base de un buen comunicador.

Así que, cuando ejercemos la autoevaluación, podemos trazar un mapa de las cosas que estamos pensando con nuestros estándares aceptables y los estándares de la sociedad que nos rodea. Esto nos da una medida de lo correctos que son nuestros pensamientos, en la circunstancia en la que nos encontramos. Mantener estos estándares es también una gran manera de aprender las herramientas detrás del autocontrol, porque empezamos a entender si nuestros pensamientos son conducentes o una obstrucción a las metas que tenemos a la vista.

. . .

Tomando la situación hipotética anterior, si entiendes que quieres ganarte a este grupo, independientemente de no estar de acuerdo con lo que dicen, tus mecanismos de autoevaluación y autocontrol te dirán que bajes el tono y modifiques lo que pones en palabras. Esto no significa que tengas que ir en contra de tu ética al hablar.

Simplemente significa que dirás lo que piensas, pero de una manera más *conversacional*, no con gestos o palabras que te conviertan en una amenaza a los ojos del grupo.

Convencionalmente, la teoría de la autoconciencia sugiere que cuando somos capaces de comparar nuestras acciones con las de otros, solemos llegar a dos conclusiones. O bien descubrimos que nuestras acciones están alineadas con las de la persona con la que nos evaluamos, o bien descubrimos que hay una diferencia en la forma en que pensamos y actuamos, y en la forma en que ellos hacen lo mismo. Si hay una diferencia, el siguiente paso es buscar un punto intermedio o eludir por completo el tema de la discrepancia.

Esto depende, en última instancia, de nuestra concepción de los resultados de dichas interacciones. Cuando aprendemos a dominar la comunicación, podemos manejar nuestro lenguaje corporal para adaptarlo a los resultados que deseamos.

. . .

Entendamos esto desde una perspectiva sencilla. Cuando somos conscientes de nosotros mismos, también perseguimos conscientemente el éxito. Los *seres humanos están condicionados a alinearse con las cosas que producen rendimientos productivos.*

Si descubrimos que ser conscientes de nosotros mismos nos lleva al beneficio de tener una conversación exitosa con otra persona, es probable que lo convirtamos en un hábito.

Dicho esto, ¿hay alguna ventaja clara en el desarrollo de la autoconciencia?

Sí, los hay. La autoconciencia te permite ver quién eres. Tu mente se convierte en un espejo de tu entendimiento, y empiezas a darte cuenta de cómo funcionan tus pensamientos, sentimientos y comportamientos, y cómo pueden influir en tus interacciones con otras personas. Esto te ayuda a saber cómo se reflejan tus acciones en los demás, cómo te consideran los demás (según tus señales verbales y no verbales) y cómo puedes modular tus respuestas a ellos para tener un control sobre la conversación que está teniendo lugar.

Aquí hay otra cosa. Mucho de lo que ocurre en el mundo exterior no está bajo nuestro control. Así que, digamos que estamos en una discusión de grupo, y alguien se está comportando de manera chabacana. En este escenario, puede que no seamos capaces de controlarlas o la forma en que se comunican. Pero si somos conscientes de nosotros mismos, podemos dar a conocer y escuchar nuestras opiniones y provocar un cambio positivo.

Ser conscientes de nosotros mismos nos permite identificar exactamente *qué es lo* que nos ofende de su forma de comunicarse, y cuando esto ocurre, resulta más fácil expresar nuestro malestar o dar a conocer nuestra postura.

Cómo practicar la autoconciencia durante las comunicaciones

Con lo que acabamos de aprender, veamos ahora algunas formas de poner en práctica la autoconciencia en la comunicación con los demás.

En primer lugar, habla en primera persona en la medida de lo posible. No seas ambiguo cuando te comuniques. Si quieres compartir algo, sé transparente al respecto para que no haya lugar a confusiones o malentendidos. Por ejemplo, si tu amigo se ha presentado tarde a una cena, intenta decir algo del tipo "entiendo que hayas tenido problemas, pero también preferiría que me llamaras antes para mencionar que llegarías tarde", en lugar de "hay gente que lleva horas esperando a que otros se presenten sin más". Esto último es simplemente pasivo-agresivo, y hace que el interlocutor parezca un niño llorón en lugar de un adulto maduro.

Utiliza tu cuerpo a tu favor cuando te comuniques. No todos lo sabemos, pero como humanos somos seres expresivos.

Por lo tanto, si elogiamos a alguien diciéndole lo bien que está y además ponemos los ojos en blanco y nos reímos, va a pensar que estamos siendo sarcásticos e insultando. No queremos eso. Así que, cuando entables una conversación, cuida tu forma de *expresarte*. Utiliza tus manos para transmitir tus emociones, sonríe, asiente con la cabeza y demuestra lo implicado que estás en la conversación.

Expresa tus sentimientos. Si no expresas lo que te hace sentir incómodo, corres el riesgo de reprimir la ira y el dolor hacia los demás hasta que no puedas comunicarte en absoluto cuando estén cerca. Defiende si algo te duele, hazlo saber diciendo algo como, por ejemplo, "esto que ha dicho me ha incomodado porque..." y diga *por qué le* ha sentado mal.

. . .

Por último, intenta no juzgar en tus comunicaciones. Esto es difícil, porque como humanos, todos estamos equipados con radares de expectativas, y acabamos juzgando a los demás en el momento en que algo no está a la altura de lo que esperamos. Cuando empezamos a aprender a ser conscientes de nosotros mismos, una de las primeras cosas que tenemos que practicar es cómo defendernos sin juzgar a los demás. Por lo que sabemos, puede que no hayan entendido por qué una determinada acción suya nos ha ofendido. Si alguien te interrumpe en medio de una conversación, intenta decir algo como: "¿Puedes darme un minuto para terminar lo que tengo que decir?", en lugar de hacerles pasar por buscadores de atención o egoístas.

Cuando crecía, uno de mis mayores problemas era la falta de conciencia sobre mí misma y mis capacidades. Como tenía tan poca fe en mí mismo, empecé a utilizar a los demás como muletas. Llegó un momento en el que no podía tomar ni una sola decisión por mí misma porque pensaba que todo lo que decidiera estaría mal.

Querido lector, me costó mucho tiempo pasar de ese lugar a otro en el que me sentí más cómodo: a un lugar en el que aprendí a mirarme a mí mismo primero, y luego a apoyarme en los demás si era necesario. Ese es el objetivo principal del aprendizaje de la autoconciencia y la autorreflexión. Cuando confías en ti mismo, tu comunicación con los demás mejora automáticamente porque ya no dependes de ellos para que te validen, y tampoco tienes miedo de que sus palabras te hieran o lesionen. Tienes *la fe necesaria para dar a conocer tu voz,* y sabes que siempre puedes recurrir a ti mismo.

Reflexionar ayuda a los oradores no sólo porque les ayuda a sentirse comprendidos, sino también porque les da la oportunidad de organizar sus pensamientos. Sus ideas estarán más dirigidas como resultado de esto, lo que a su vez le inspirará a seguir hablando.

Teniendo esto en cuenta, he aquí algunos elementos de reflexión antes de pasar al siguiente capítulo, que trata de las ventajas de ser un buen comunicador.

- Antes de comunicarte con alguien, anota qué es lo que hay que decirle y cómo puedes hacerlo de forma que no hiera sus sentimientos.
- A continuación, piense en las opciones que tiene para comunicarse con la persona afectada. ¿Se siente cómodo discutiendo con él en persona? *¿Necesita su presencia física para discutirlo?* ¿Será suficiente con llamarle, enviarle un mensaje de texto o un correo electrónico?
- Piensa en lo que piensas decir a la persona afectada como si estuvieras en su lugar. Esto requiere un grado de autorreflexión y conciencia. ¿Te incomoda el tono de tu discurso? Si te incomoda, imagina la repercusión que

tendrá en otra persona. Esta medida te ayudará a adaptar lo que tienes que decir.
- Ten confianza y seguridad en ti mismo cuando te comuniques con alguien. Ya has pasado por todos los pasos anteriores, así que ahora sabes que puedes decir cómodamente lo que hay que decir. No vaciles y no tientes tus palabras. Si es necesario, practica la conversación frente a un espejo, ¡puede funcionar de maravilla!
- Mantén el contacto visual cuando hables con alguien. Una persona segura de sí misma nunca apartará la mirada cuando exponga un punto, porque eso le hace parecer inseguro.
- Practica la calma en tus conversaciones. El tema que se discute puede ser algo que te apasione, pero trata de no dejar que te abrume. Al contrario, piensa en ello como algo a lo que puedes contribuir de forma constructiva. Para ello, debes estar tranquilo y sereno.

Es esencial que usted, independientemente de que sea el comunicador o el oyente, esté de acuerdo con la cuestión de si ha entendido correctamente lo que se ha dicho. Cuando participas en la autorreflexión, obtienes la capacidad de escuchar tus propios pensamientos y de concentrarte en lo que tienes que decir o sentir. También estarás más preparado para demostrar que intentas ver el mundo a través de los ojos de la audiencia y que te esfuerzas por comprender sus mensajes.

En el próximo capítulo veremos los diferentes beneficios de ser un buen comunicador. Ya sea en tu vida personal o profesional, las habilidades de comunicación pueden ayudarte en todo.

2

Beneficios de la comunicación

Puede que no resulte evidente a primera vista, pero una buena capacidad de comunicación es esencial en todos los ámbitos de la vida. Está en la naturaleza humana interactuar con los demás y buscar el compañerismo. Las personas desempeñan una gran variedad de papeles de forma habitual, dependiendo de la situación en la que se encuentren.

La capacidad de comunicarse con claridad y eficacia es siempre una necesidad cuando se trata de interacciones.

Ser capaz de comunicarse eficazmente dará la oportunidad de mejorar la calidad de las relaciones interpersonales, así como un aumento de la confianza al interactuar con la gente en un entorno social. Estas ventajas pueden ser fundamentales a la hora de obtener un empleo o de establecer conexiones a largo plazo con amigos, colegas y familiares.

· · ·

Sólo cuando la comunicación tiene éxito, todas las partes implicadas se sienten satisfechas y realizadas. Una comunicación clara elimina la posibilidad de que se malinterpreten o modifiquen los mensajes, lo que disminuye la probabilidad de que surjan conflictos entre las partes. La capacidad de comunicarse eficazmente es fundamental para garantizar que los conflictos se gestionen de forma cortés cuando se produzcan.

Confianza

La primera ventaja de convertirse en un buen comunicador es que te permite construir confianza y transparencia en tus relaciones con los demás. Hace unos años (una forma divertida de verlo es considerar el término BP o Antes de la Pandemia), en 2016, el blog de *Psychology Today* publicó un artículo en el que Russell enumeraba las características de un lugar de trabajo donde la comunicación es sana y saludable (Russell, 2016).

- Existe un diálogo abierto y libre entre los empleados.
- Los objetivos de la organización se basan en la contribución sana, la cooperación y el ingenio.

- Los colegas no están interesados en golpearse unos a otros, sino que se comunican entre ellos para alcanzar fines colectivos.
- Hay un flujo saludable de comentarios y críticas constructivas.
- Hay respeto por los demás y consideración, donde todos están dispuestos a ayudar cuando es necesario, e incluso la gente hace cosas sin que se lo pidan porque les gusta la compañía de los demás.

Permíteme que te escriba un escenario. Has aprendido habilidades de comunicación eficaces y ahora formas parte de un círculo de amigos. Un día, uno de tus nuevos amigos comparte un secreto contigo porque los dos habéis creado confianza entre vosotros. Esto puede ir en dos direcciones.

O bien la confianza se mantiene porque honras el secreto de tu amigo, lo que se convierte en una excelente manera de que te consideren un comunicador sólido, o bien eructas todo lo que tu amigo ha compartido contigo, rompes su confianza y, posteriormente, todo el grupo te considera indigno de salir con ellos porque *no pueden confiar en ti.*

Así pues, la confianza y la comunicación son dos caras de la misma moneda. Sin una, no se puede tener la otra. Si las personas con las que quieres comunicarte no confían en ti, tu comunicación nunca será fructífera. Nuestra dependencia de los demás crea una necesidad de confianza en nuestras relaciones.

Hay muchas ocasiones en nuestra vida en las que confiamos en las personas para que nos ayuden a conseguir lo que deseamos, para que nos den apoyo cuando lo necesitamos y para que nos guíen si nos enfrentamos a dificultades o a una crisis. En las relaciones sociales, la confianza es extremadamente importante.

Para que alguien confíe en otro, debe sentir que su éxito depende de la conducta de esa persona. Deben creer que verán resultados de sus esfuerzos. Y también deben creer que hay formas de reducir su susceptibilidad. Cuando el flujo de comunicación entre dos o más personas es fácil, es casi seguro que existe una confianza establecida entre los miembros del grupo.

Prevención/Resolución de problemas

¿Cuántas veces has sido objeto de una cosa horrible conocida como *malentendidos?* Aprender las habilidades de una comunicación adecuada es doblemente importante cuando tienes que asegurarte de que lo que estás diciendo no se interpreta de una manera que va a herir al oyente y te va a causar más daño que bien. Los malentendidos suelen ir acompañados de su hermana, la mala comunicación.

Cuando se combinan estos dos, puede haber una guerra literal de palabras.

Los errores de comunicación suelen deberse a una falta de correspondencia entre el significado manifiesto y el encubierto entre la fuente y el destino, lo que da lugar a malentendidos. Algunas personas son directas, mientras que otras quieren que interpretes sus palabras de forma más sutil.

Los errores de comunicación pueden evitarse expresando los pensamientos de forma clara y concisa. Se aconseja recurrir a una tercera persona en situaciones de alto riesgo o cuando no se está familiarizado con la otra persona. Por ejemplo, si va a asistir al primer día de una nueva escuela o universidad, querrá mantener una comunicación lo más sencilla y franca posible; si opta por utilizar una jerga complicada desde el principio, existe la posibilidad de que los demás le consideren una compañía difícil de mantener.

Entonces, ¿cómo previene o ayuda la comunicación a resolver problemas y malentendidos?

- La comunicación permite a las personas resolver la ira reprimida: La falta de comunicación conduce a la frustración, y lo contrario también es cierto. El enfado puede reducirse si son capaces de comunicarse eficazmente sobre sus problemas y si ambas partes están dispuestas a llegar a un compromiso. A menudo, cuando dos personas se reúnen y hablan de sus problemas, es posible llegar a un punto de compromiso en el que ambas partes sienten que han sido escuchadas.

- Algunas personas tienen tendencia a guardar resentimiento o a enfurecerse por las cosas que les suceden. En ocasiones, estos mismos individuos no divulgan a la otra persona precisamente qué es lo que les causa mayor frustración. La comunicación puede ayudar a sacar a la luz esas dificultades ocultas, lo que puede ayudar a resolver esos problemas.
- No hace falta decir que las buenas habilidades de comunicación te hacen sentir empatía cada vez que alguien expresa sus problemas subyacentes. Te vuelves más abierto a la comprensión de que cada individuo es único y viene con sus problemas únicos.
- Las relaciones se vuelven más sólidas gracias a la comunicación. Piensa en la relación con tu familia; por mínima que sea, te comunicas con ellos todos los días. Si no conversaras con al menos una persona, acabarías sintiéndote alienado. Esto es perjudicial para la mente y el cuerpo, porque como humanos, somos seres

sociales. Necesitamos la compañía de otros para poder compartir con ellos nuestros pensamientos y nuestro yo.

Algo que probar: Tómese un tiempo de su día para sentarse con un ser querido y tener una discusión significativa sobre su vida. Se sorprenderá de lo mucho que esto puede ayudarle a resolver sus dificultades.

Para que su comunicación sea significativa y esté orientada a la resolución de problemas, hay algunas cosas que puede hacer.

- Reconozca los problemas existentes entre el oyente y usted. No te dediques a menospreciar al otro y no respondas a las quejas con más quejas. En lugar de ello, limítate a escuchar lo que tienen que decir y, en lugar de rebatirles, di lo que tienes en mente y que te ha causado dolor o malestar.
- Comprender los gustos y disgustos del oyente. Esto es esencial para comunicarse y resolver los problemas subyacentes. Un asunto que no nos importa puede haber sido importante para ellos y, sin saberlo, les herimos involuntariamente al hablar de ese asunto sin venir a cuento. Mantén el silencio cuando hablen, para que entiendan que estás dispuesto a escucharles.
- Pide disculpas cuando sea necesario. El mundo es grande, y hay espacio para que todos existan en paz.

- Discute cómo puedes mejorar la situación para que ambos podáis coexistir armoniosamente en el momento presente. Intenta salir de lo que ha ocurrido en el pasado.
- Haz una pausa si la conversación se acalora y di que estás dispuesto a continuar el diálogo, pero sólo si todas las partes son respetuosas con la otra.
- Por último, asegúrate de comunicarte claramente de forma verbal y física. Relájese, crea en el proceso, participe en la discusión y mantenga un contacto visual constante.

Aportar claridad

La claridad es uno de los aspectos más importantes que definen la comunicación constructiva. Cada una de las partes implicadas en el intercambio de información tiene cierto nivel de responsabilidad por lo que ha comunicado.

Cuando somos responsables de comunicar un mensaje concreto, debemos hacer todo lo posible para asegurarnos de que el destinatario entiende nuestro mensaje. Y en caso de duda, el destinatario debe asegurarse de que entiende el mensaje y cuestionar cualquier sección que sea ambigua. El primer paso para una comunicación eficaz es tener claro lo que se quiere comunicar.

¿Por qué es tan importante la claridad? Sencillamente, la claridad proporciona una conexión para lo que intentamos decir. Sin claridad, lo único que tenemos es un revoltijo de palabras y frases que no tienen ningún sentido. Cuando añadimos claridad a este batiburrillo, tenemos un *contexto* y un *significado*.

Está en el corazón de toda comunicación porque hace que los intercambios entre dos personas tengan sentido.

Si lo piensas, el canal de comunicación es bastante sencillo.

- Se habla de una cadena de palabras como un mensaje colectivo.
- Las declaraciones son absorbidas por la otra persona, que las entiende en su propia interpretación basada en sus propias opiniones, sentimientos, etc.
- La otra persona responde formulando una respuesta y enviándosela a usted.
- Después de recibir la respuesta, la interpretas en significado e importancia para ti.
- Usted responde enviando su respuesta.

Durante el envío y la recepción de mensajes, la falta de claridad en cualquier paso creará confusión, malentendidos y, en general, una coordinación inadecuada entre ellos. Esto me ha ocurrido muchas veces en mi espacio de trabajo. Las reuniones en línea, especialmente, crean ambigüedad en lo que una persona está diciendo. El oyente acaba interpretándolo a su manera y hace algo completamente diferente a lo que se le pidió.

Una buena comunicación garantiza que esto no ocurra.

Cuando te comunicas con palabras limpias y precisas, con un lenguaje corporal significativo y te diriges claramente a las preguntas que te puedan hacer, dejas poco espacio para la ambigüedad. ¿Por qué nos atraen tanto los subtítulos en las películas y series de televisión? Es muy sencillo. *Aportan claridad. Nos* ayudan a entender lo que está pasando y si hemos oído algo mal.

De la misma manera, si los seres humanos tuviéramos subtítulos, sería mucho más fácil interpretar las situaciones. Sin embargo, dado que lo único con lo que podemos contar es con la fuerza de nuestro discurso y la forma en que utilizamos nuestro lenguaje corporal, una buena capacidad de comunicación se convierte en una cualidad esencial para establecer la claridad.

Hacer más amigos

. . .

Siempre que hablamos de las cosas que necesitamos para ser felices, las relaciones están en la lista. En nuestro mundo, las relaciones de pareja suelen girar en torno al romance.

Creemos que sólo con encontrar a la persona perfecta seremos felices y estaremos satisfechos. Sin embargo, nuestras amistades son quizá tan o más esenciales para nuestro bienestar psicológico.

Las personas de nuestros círculos sociales aumentan considerablemente nuestro nivel de felicidad y hacen que nuestra vida sea infinitamente mejor.

No es ningún secreto que las amistades tienen un efecto significativo en la salud emocional y el bienestar de las personas. Las amistades, sobre todo las cercanas, alivian el estrés, sirven de consuelo y proporcionan felicidad. Los buenos amigos también aíslan a las personas de la soledad y el aislamiento.

Los vínculos sociales estrechos pueden mejorar su salud física general, además de influir en su bienestar emocional y mental. Fumar, beber en exceso y llevar un estilo de vida sedentario son factores de riesgo, y la falta de vínculos sociales puede contribuir a cada uno de ellos, sobre todo porque recurrimos a estas adicciones cuando no tenemos ningún apoyo social ni ninguna otra persona con la que compartir nuestros pensamientos y sentimientos. Las amistades están incluso asociadas a una mayor duración de la vida.

Pero no basta con desarrollar amistades íntimas. A muchos de nosotros nos resulta difícil conocer a gente nueva y formar conexiones significativas. Aquí es precisamente donde hay que centrarse en desarrollar buenas habilidades de comunicación. Lo contrario puede ser bastante perjudicial.

Como no tienes la oportunidad de aprender a tratar con los demás, no puedes mejorar en la interacción, lo que dificulta tus posibilidades de crear conexiones personales satisfactorias. Las habilidades de comunicación son esenciales para establecer y mantener amistades, así como para crear una sólida red de apoyo. También le ayudan a satisfacer sus necesidades personales y a la vez ser considerado con las necesidades de los demás.

Las personas no nacen con excelentes habilidades de comunicación, sino que deben adquirirse mediante el ensayo y el error y el compromiso con el aprendizaje permanente, como cualquier otro conjunto de habilidades. A menudo damos por sentado el poder de la comunicación y creemos que es algo que ocurre de forma natural. No es así.

. . .

Comunicarse con los demás es una habilidad, un auténtico ejercicio de comprensión y calibración de los comportamientos humanos y de respuesta adecuada a una situación social concreta. No es algo que ocurra sin más.

Entonces, ¿cuáles son algunas de las técnicas de comunicación más importantes que puedes utilizar para ayudarte a crear más amigos?

- Lo primero y más importante es aprender a comunicar eficazmente permitiendo que la gente hable por sí misma. Para comunicarnos eficazmente con nuestro público, primero debemos hacerles preguntas sobre ellos mismos, sobre lo que disfrutan y lo que odian, y permitirles compartir aspectos de su vida con nosotros.
- Hable de sus aficiones, intereses y otros logros de los que esté orgulloso.
- Planifica métodos para impartir información de manera que no parezca snob o como si estuvieras diciendo cosas para demostrar lo mucho que sabes y lo poco que saben los demás con el fin de parecer informado. Para ello, empieza la conversación con algo como "¿Sabías lo que he descubierto?" o "Yo no lo sabía, pero por casualidad leí este libro y descubrí que..." y

termina *siempre* tus afirmaciones pidiendo al oyente su opinión.
- Por último, invite a sus amigos y familiares a reuniones sociales que le resulten agradables. A todos nos gusta tener un poco de tiempo para nosotros de vez en cuando. Sin embargo, intenta que esto no se convierta en la característica que define tu vida diaria. Reúne información sobre las personas que conozcas, conócelas e inspírate en la forma en que manejan sus interacciones interpersonales. Cuanto más te fijes en cómo se comunican los demás, más conocimientos adquirirás sobre cómo comunicarte eficazmente con ellos.

Tener más éxito

La civilización humana tiene sus raíces en la comunicación, donde los seres humanos trabajan juntos y se ayudan mutuamente. Para destacar realmente entre la multitud, debes ser capaz de expresar tu punto de vista, al tiempo que demuestras que respetas las opiniones de los demás.

Tomemos, por ejemplo, el caso de tener éxito en el entorno laboral. Para iniciar una profesión de éxito, es necesario tener unas habilidades comunicativas excepcionales, y esta capacidad es vital para el éxito de la propia carrera en el acelerado mundo actual, ya sea para encontrar un trabajo de estudiante o para trabajar en una empresa. También nos proporciona la capacidad de influir en los demás. Es un vínculo que conecta dos entidades diferentes.

Las personas que tienen una gran capacidad de comunicación tienden a avanzar más rápidamente en la vida que otras. Incluso en medio de la vida cotidiana, una comunicación eficaz entre las familias puede ayudar a crear conexiones positivas. Una de las principales causas de las relaciones familiares disfuncionales es la existencia de malentendidos entre padres e hijos, lo que ocurre cuando la comunicación es ineficaz.

Del mismo modo, los fallos en la comunicación tienen consecuencias evidentes en cualquier trabajo, y tienen el potencial de impedir el avance de uno en su profesión.

Veamos algunas cualidades que se fomentan con las buenas habilidades de comunicación, y que son esenciales para el éxito.

- Es mucho más fácil que tus ideas sean escuchadas y comprendidas cuando tienes buenas habilidades de comunicación, porque tus clientes y supervisores

Entienda que está comprometido con la organización, el producto y los fines que representa. Tiene la capacidad de articular sus ideas y transmitirlas de forma sencilla. Eres capaz de interactuar eficazmente con tus clientes y explicarles las ventajas de los productos o soluciones que ofreces.

Es posible que su capacidad de comunicación marque la diferencia entre un cliente satisfecho y uno insatisfecho.

- Escuchar a los demás es mucho más fácil cuando se tienen habilidades de comunicación eficaces. La comunicación es una vía de doble sentido cuando se hace correctamente. No sólo hay que ser un buen orador, sino también un buen oyente. El arte de escuchar necesita más paciencia que el arte de hablar.
- Hay que escuchar atentamente las necesidades y peticiones de los clientes para que un grupo u organización las satisfaga eficazmente. Por ello, escuchar es tan esencial como hablar cuando se trata de comunicar. Si no se escucha, no se pueden dar respuestas precisas a las preguntas, y todo el proceso de comunicación se volverá ineficaz si estos dos procesos no funcionan a la par. Hay que saber escuchar para tener éxito en el trabajo.
- El lenguaje corporal de apoyo es un signo de comunicación eficaz. Una buena comunicación se basa en aprender a manipular tu lenguaje

corporal para que los oyentes vean tu implicación y no te perciban como una amenaza o un obstáculo. Esta es una herramienta importante para tener éxito en el trabajo. Imagina que tus supervisores te considerarán una personalidad rígida e inflexible ¡simplemente por problemas con tu lenguaje corporal! Eso impediría el camino hacia el éxito profesional.

- La claridad se construye sobre la base de una comunicación eficaz. Una buena comunicación implica hablar lo necesario sin divagar ni desviarse del tema principal, lo que puede alterar el estado de ánimo de la audiencia de forma negativa. A la hora de comunicar, es importante transmitir el objetivo por el que se mantiene la conversación. Es importante considerar lo que realmente se quiere decir antes de expresarlo. Así no surgirán malentendidos a lo largo de la conversación, y los negocios continuarán sin interrupción.

- Por último, una comunicación eficaz fomenta la confianza, que es fundamental para alcanzar el éxito. La comunicación requiere la presencia de la confianza, que es un componente esencial de la misma. Para conectar con la gente de forma eficaz, uno debe sentirse seguro de sus capacidades. Es mejor no hacer comentarios que parezcan preguntas. Para no parecer arrogante o conflictivo al hablar o expresar sus puntos de vista, hay que ser prudente. Cada vez que tenga un desacuerdo con su jefe o con un cliente, es fundamental que comprenda y aprecie también su perspectiva. Un comunicador competente debe entrar en cada escenario de comunicación con una mente abierta y ser adaptable en su enfoque. Una vez conseguido esto, podrás llevar a cabo una discusión fructífera.

Empleabilidad y comunicación

Por último, una buena comunicación es justo lo que necesitas para ese ascenso, esa mejor oportunidad de trabajo, esa *habilidad de empleabilidad*. La cuestión es la siguiente: cuando no aprendes a comunicarte, tu lenguaje corporal y tu forma de hablar con los demás suelen parecer torpes, poco convincentes y artificiosos.

Parece que te esfuerzas demasiado o que no te esfuerzas en absoluto. Esto no es propicio porque quieres un equilibrio. Quieres que los demás te vean como un solucionador de problemas.

Permítanme contarles una historia personal. Cuando acababa de salir de la universidad y buscaba trabajo, no era muy comunicativa. A decir verdad, era tímido y todavía me disgustaba estar rodeado de gente. Había salido un poco de mi caparazón, pero realmente me di cuenta de lo lejos que tenía que ir cuando me senté en mi primera entrevista. Al recordarlo, me río porque fue un desastre cómico.

Estaba tan nerviosa que no podía mirar a los ojos de mi entrevistador. Sabía las respuestas a lo que me estaba preguntando, pero no tenía ni idea de cómo expresarlas. Así que acabé dando respuestas contundentes de una sola línea, con las palmas de las manos temblando y sudando. Se dio cuenta de lo mal preparada que estaba para enfrentarse a entornos sociales, y esto *es clave*. Si no sabes comunicarte, tu supervisor o entrevistador te verá como alguien incapaz de enfrentarse a entornos sociales difíciles, lo que ocurre en todos los trabajos. Puede que te enfrentes a un cliente difícil.

Puede que tengas que presentar un producto a una junta internacional. Puede haber diez situaciones diferentes, algunas basadas en la contingencia, en las que *debes* mostrar presencia de ánimo y una clara capacidad de comunicación.
De ello depende tu empleabilidad.

Así que, si lo miras de esta manera, la comunicación es algo que *necesitas*. Es una pena que no se enseñe en los programas académicos convencionales, porque es una habilidad para toda la vida que contribuye a tu bienestar y a tus posibilidades de ser mejor aceptado en la sociedad. Al crecer, pasé por una fase en la que pensaba que no necesitaba a nadie más. ¡*Al diablo con los demás!* Pero, querido lector, esto no era más que una mentira para mí mismo.

Todo el mundo necesita a alguien.

Todos necesitamos que nos vean, que nos quieran, que nos aprecien, que nos digan que somos imprescindibles para alguien. Los seres humanos son criaturas sociales. Podemos rejuvenecer en soledad, pero *prosperamos en compañía de otros.*

La comunicación es como un mapa, que te da las direcciones, te dice lo que tienes que hacer. Si tu viaje es la aceptación social, es algo que debes seguir.

3

Confianza, valor, perseverancia

Permítanme compartir un pequeño secreto con ustedes.

Puedes trazar y planificar, hacer horarios y marcar fechas, y hacer cientos de cosas más. Pero la vida seguirá encontrando formas de sacarte de la curva, de sorprenderte y cuestionarte, y de obligarte a pensar sobre la marcha.

¿Significa eso que dejas de tener fe en ti mismo y en lo que eres capaz de hacer? No. Significa que te das la vuelta, reúnes tus energías, aprendes las herramientas de la confianza, el valor y la perseverancia, y las utilizas para recuperarte. El fracaso no se produce porque haya ocurrido algo inesperado o porque algo haya salido mal. El fracaso es el resultado de que te rindas a ti mismo.

. . .

Al principio de este capítulo, vamos a hablar de la confianza. Antes de empezar, debemos asegurarnos de que estamos en la misma longitud de onda. La confianza y el engreimiento son diametralmente opuestos. Ser demasiado orgulloso y egoísta sobre tus habilidades, aunque admirable, puede resultar molesto para los demás.

Estar seguro de sí mismo es un elemento importante para ser un ser humano competente y funcional. La pomposidad, en el otro extremo, es perjudicial para su imagen. Es una ilusión, un método para engañarse a sí mismo con el fin de compensar las inseguridades subyacentes.

La arrogancia es un espectáculo montado en beneficio de los demás. No es beneficiosa para ti. Es fundamental que tengamos fe en nuestras capacidades para completar las tareas y comprometernos activamente si queremos tener éxito. Sin embargo, es posible que si nos conformamos, pensando: "Ya he hecho esto mil millones de veces antes; por lo tanto, todo será pan comido", nos volvamos descuidados y no prestemos atención a lo que estamos haciendo.

Es importante descubrir cómo sentirse cómodo con uno mismo y con sus habilidades, al mismo tiempo que se vigila y se tiene cuidado de no pensar que el éxito estará garantizado sin el trabajo y el esfuerzo.

. . .

La excesiva seguridad en sí mismo rara vez se ve recompensada con el respeto y la confianza. Sus compañeros los consideran difíciles de relacionar y de hablar con ellos.

En el otro extremo, los que carecen de confianza, a pesar de ser generalmente accesibles, pueden encontrarse en circunstancias en las que a los demás les resulta difícil aceptar su autoridad. Esto implica que no se les ha confiado el deber de ocuparse de asuntos importantes.

Encontrar el grado adecuado de seguridad en uno mismo es una empresa profundamente personal que suele requerir la acumulación de tiempo y experiencia. Numerosas personas trabajarán en su confianza en sí mismas a lo largo de su vida y se considerarán en perpetuo proceso de mejora. Esto puede cambiar dependiendo del momento de nuestra vida en que descubramos el significado de la confianza. En realidad, la mejor manera de verlo es como una habilidad que dura toda la vida y que seguimos aprendiendo.

Cuanto más mayores nos hacemos, más se moldea nuestra vida por la exposición a cosas nuevas, lo que, por supuesto, significa que cuando entramos en diversas áreas de nuestra vida, a veces nos va a faltar experiencia y confianza. Esto es bastante normal.

. . .

Aprender a tener auténtica confianza en uno mismo implica tomarse estas nuevas circunstancias con calma, encontrar la mejor manera de afrontarlas y concentrarse en ellas con toda la energía y la concentración.

Ser consciente de uno mismo y de las propias capacidades es esencial para tener confianza. No se trata sólo de lo que puedes lograr o de lo que tienes que dar; se trata de quién eres. Todo se reduce a entender quién eres.

En el momento en que tienes la certeza, sin ninguna duda razonable, de que eres valioso, te conviertes inmediatamente en un ser humano más seguro y resistente. Te respetas a ti mismo y esperas que los demás te respeten. Llegas a comprender que, por el mero hecho de existir, tienes derecho a una vida feliz y saludable, sin más justificación.

Cuando tienes seguridad en ti mismo, te sientes más capacitado. Puedes levantarte de la cama cada mañana y mirarte en el espejo, y puedes adorar realmente a la persona que te devuelve la mirada. No descarta la posibilidad de hacer cambios o mejoras en el futuro. Reconocer y aceptar tus imperfecciones y reconocer que estás en un proceso de crecimiento y aprendizaje es una parte esencial de la autoaceptación.

. . .

Cuando esto sucede, no tienes miedo de cometer errores, ya que te das cuenta de que cada error te lleva a aprender. Son un componente esencial del proceso. En lugar de castigarte por un fracaso percibido, aceptas las oportunidades de aprendizaje, trabajas para hacer algunos cambios y sigues con la siguiente iteración. A medida que crece tu autoestima, aprendes a dejar de tomarte las cosas como algo personal y, en cambio, ves los reveses como una aportación importante para el crecimiento y el desarrollo futuros.

Entonces, ¿cuál es la relación entre la confianza y la comunicación? Tendrá éxito tanto en su vida profesional como en la personal si tiene la seguridad necesaria para hablar, comprender a la gente y entablar una comunicación clara. En cuanto aprendes a comunicarte con eficacia, aumentas inmediatamente la confianza en ti mismo y haces que la gente capte más fácilmente tu punto de vista, a la vez que se muestra receptiva a las ideas. Los demás te encontrarán más accesible gracias a ello, lo que es esencial para fomentar la confianza.

Cuando te sientes cómodo, tranquilo y seguro de ti mismo con la gente, eres más propenso a tratarlos con respeto.

También tienes más confianza en tus propias habilidades y en tu propia imparcialidad. Cuando juntas estas características, obtienes a alguien seguro de sí mismo y confiado.

. . .

Si hablas con falta de confianza, el oyente pensará que no crees en lo que dices, que no estás seguro de los hechos o que simplemente no te importa lo que dices. Al fin y al cabo, es una calle de doble sentido.

En nuestra vida cotidiana, ser capaz de comunicarse con confianza es igualmente esencial. Aunque no siempre seamos capaces de oírlo, nuestro cerebro es capaz de detectar hasta las más mínimas anomalías en el discurso de alguien. Podemos saber si una persona carece de confianza en sí misma por cosas como evitar hablar con nosotros, mentir, no tener convicción y ser poco sincero. Hay que aprender a evitar a toda costa la falta de sinceridad si se quiere generar confianza.

Antes de pasar a hablar de la persistencia, he aquí algunas cosas que puedes intentar para inculcar más confianza en tu comunicación.

- Sea sincero con lo que quiere transmitir. Tener confianza en el lugar de trabajo es esencial, sobre todo si tu objetivo es impactar y persuadir a colegas que no están bajo tu control inmediato, incluidos los que tienen niveles de poder más altos.

Para sentirse cómodo al hablar con su empleador, un alto ejecutivo o un cliente potencial, primero debe tener claras sus propias creencias y valores.

Cuanto más coherente sea antes de entablar una conversación, más probable será que sus ideas sean aceptadas con atención y consideración serias.

- Reconoce y expresa tus sentimientos. Cuando tengas claro cómo te sientes, podrás expresarte con más confianza. Es posible que experimentes una serie de emociones, y eso es perfectamente normal. Recuerda que debes ser capaz de discernir cómo te sientes.
- Debe estar preparado para mantener su posición cuando se enfrente a la oposición. Puede resultar aterrador expresar el propio punto de vista frente a la resistencia, especialmente si la oposición proviene de personas en posiciones de autoridad.

Tenga en cuenta que las ideas que más merecen ser difundidas son las que más posibilidades tienen de convertirse en polémicas. Prepárate para que te cuestionen cada vez que introduzcas algo nuevo, y luego afronta el reto aportando los datos y la investigación que apoyan tu punto de vista, si es necesario.

- Recuerda que el lugar es importante, así que piensa en dónde te gustaría llevar a cabo esta discusión. El resultado de enfrentarse a alguien

durante una noche de fiesta con los amigos o a través de un mensaje de texto o correo electrónico será negativo. Las circunstancias ideales son aquellas en las que tienes cierto control, como dar un paseo al aire libre y charlar con ellos cara a cara en un lugar público.
- Esté dispuesto a responder a las preguntas. Cuando se es constructivo y de mente abierta, se crea un ambiente que fomenta el debate y el desarrollo de soluciones. Es preferible participar en la actividad que permanecer en silencio o dejarse llevar por la agresividad emocional.

Cuanto más complaciente seas y más abierto estés a nuevas contribuciones a las ideas que aportas, más intrigante te volverás para las personas en posiciones de autoridad o similares.

- Prepara con antelación todo lo que quieres comunicar. Ten en cuenta tus ideas clave junto con lo que quieres que ocurra al final del día.
- Por último, pero no menos importante, sea cortés y honesto. Muchas personas dan mayor credibilidad a quienes ocupan posiciones de autoridad y, aunque esto no sea consciente, tiende a reforzar la jerarquía en su comportamiento. Por lo tanto, lo que hay que recordar aquí es que lo que se busca es adoptar una postura superior. Esto no ocurrirá si te muestras congraciado o demasiado dulce.

En su lugar, busque la manera de ser cortés al mismo tiempo que hace llegar sus puntos. Por ejemplo, cuando te dirijas a tus superiores y compartas con ellos tus ideas más innovadoras, demostrarás tu consideración.

En cambio, cuando te dirijas a personas con menos experiencia y conocimientos que tú, debes tratarlas con el mismo nivel de decencia. Presta mucha atención a lo que tienen que decir, reconoce sus puntos de vista, y amplía sus sugerencias de la manera que puedas.

Sé auténtico. Cuanto más dispuesto estés a exponer tus ideas y más cumplidor seas, más productivo animarás a tus compañeros.

Sigamos adelante y veamos la calidad del valor.

En muchos sentidos, la valentía es la base de la buena comunicación. Te permite dar el primer paso, exponerte al mundo, abierto a la introspección y al escrutinio. Eso puede ser abrumador. Se necesita mucho para salir del capullo del aislamiento y no tener que rendir cuentas a nadie, para emerger en la sociedad y asumir responsabilidades. Cuando empiezas a hacerlo, has dado un paso en la dirección correcta.

. . .

Para ser claros, el valor no significa que uno no tenga miedo.

Eso es prácticamente imposible porque todos nos enfrentamos a situaciones desconocidas y que nos incomodan.

Lo que distingue a un buen comunicador es su capacidad de aprender de esas situaciones, de comprenderlas y responder a ellas, y de ser capaz de considerar esas situaciones como experiencias para perfeccionar sus habilidades.

Cuanto más aprendas a comunicarte con los demás, más valiente serás.

La valentía no es lo mismo que ser impetuoso o temerario, porque implica reconocer que tienes defectos y, al mismo tiempo, trabajar para convertirte constantemente en una mejor persona. Esto también significa que tienes que reconocer tres grandes problemas que pueden obstaculizar el desarrollo del coraje.

- Entender por qué es tan importante salir de la zona de confort en primer lugar.
- Tomar la decisión de comprometerse activa y sistemáticamente en actos de valor, *incluso si no te apetece.*

- Saber por dónde empezar porque ser valiente no siempre es predecible ni sencillo. Por ejemplo, puedes pensar que el hecho de estar sentado en casa y trabajar las 24 horas del día es un acto de valentía porque no conoces otra forma de existir, pero no lo es. Es una rutina. La valentía consiste en salir y hacer algo diferente, como relacionarse con un grupo de personas, permitir que te entiendan y estar abierto a la crítica constructiva.

¿Cómo se practica esto?

Como todos los demás hábitos, no se nace con valor. Se aprende y se adopta.

- El coraje debe cultivarse con regularidad. Pruebe cosas nuevas, sea diferente o enfréntese a una fobia con regularidad para demostrar su valor. Por otra parte, los pequeños retos proporcionan la fortaleza necesaria para enfrentarse a problemas mayores con regularidad. Crea un registro de las cosas que te dan miedo. Acepte y acepte su aprensión. Ser valiente implica arriesgarse y conseguir algo a pesar de los miedos.
- Aprende a reentrenar tu mente para poder trabajar y superar tus miedos. Las ansiedades se

hacen más fuertes y temibles cuando se evitan. La mentalidad moderna considera que las emociones son un signo de debilidad y se esfuerza por mantenerlas bajo control. Esto es una contradicción, porque al evitar los malos sentimientos, el temor a la propia negatividad se hace mayor.

- Reconoce y acepta tu aprensión. Tus ansiedades no pueden ser desterradas; en cambio, debes abordarlas y hacer un verdadero esfuerzo para lidiar con ellas. Para superar tu miedo, tendrás que reconocer quién eres y cuáles son las cosas que te hacen sentir ansioso o desequilibrado.
- Mejore su capacidad para prestar atención a las señales favorables mientras descarta las negativas. Todos tendemos a centrarnos más en los malos comentarios y las opiniones negativas que en los buenos comentarios. Si los comentarios son negativos, mira cómo puedes utilizarlos de forma constructiva. Sea consciente de ello y guíe sutilmente sus pensamientos hacia estímulos más positivos.
- Reconoce que las cosas pueden salir mal y lo harán. Cuando muestras coraje, estás aceptando el peligro del fracaso, pero significa que tienes convicción y crees en tu capacidad. Acéptalo y demuestra que tienes el valor necesario para superarlo. Investiga las posibles razones temporales y específicas por las que las cosas

pueden haber salido mal. No dejes que esta situación o sus complicaciones te afecten. Sigue recordándote a ti mismo que estarás bien siempre que afrontes el problema ahora.
- Por último, desarrolla la confianza en ti mismo. El valor no consiste en fingir ser alguien que no eres o en intentar hacer cosas que están muy por encima de tus capacidades. De lo que se trata es de tomarse el tiempo para reconocer que las cosas pueden ser un reto para la persona que eres en este momento y afrontarlas con confianza y con tácticas de comunicación claras.

Por último, llegamos a la perseverancia. Permítanme compartir una breve historia. Se remonta a mis días de escuela y es en realidad un incidente que me enseñó que hay que perseverar para conseguir su objetivo.

Teníamos un profesor al que no le gustaba especialmente. A día de hoy, sigo sin saber por qué. Puedo concluir que había algunos rasgos de mi personalidad que no encajaban con la suya, por lo que siempre estábamos en conflicto. Yo seguía insistiendo en mis puntos sin escuchar sus comentarios, y él me reprendía por ello.

. . .

Las cosas se paralizaron cuando suspendí su asignatura en el décimo curso. Me quedé en shock. Hasta ese día, ¡me había considerado un estudiante estelar! ¡Oh, los dolores de la arrogancia!

Busqué una audiencia con él. El primer día, se negó a reunirse conmigo. Esto se prolongó durante cuatro días. Seguía buscando formas de evitarme. Estuve a punto de rendirme y se lo comenté a mi madre. Ella fue la que me dijo que perseverara. Entonces no entendía el valor de esto. Pero en general sabía que si ella me pedía que hiciera algo, probablemente funcionaría. Así que esperé y seguí intentándolo. Me quedé en su despacho durante cinco días. Al décimo día, me llamó.

La conversación que mantuve con él sigue siendo una de las más importantes que he tenido nunca. Compartiré sólo una línea de la misma: "Evitaba tu compañía porque nunca estabas abierto a comunicarte conmigo. Así que supuse que si te daba audiencia, vendrías y gritarías sin dejarme explicar nada. Pero perseveraste. Esto demuestra que querías mi audiencia y que estás dispuesto a abrir un diálogo. Es un buen paso".

Querido lector, este fue el día en que comprendí la importancia de la perseverancia. La determinación de tener éxito es una de las características más vitales que uno puede tener. Implica un compromiso firme de dedicar muchas horas a pesar de cualquier obstáculo o inconveniente que puedan surgir. Es ser tenaz e inquebrantable en la realización de una tarea y negarse a renunciar a ella hasta que se cumpla.

En nuestra vida, no siempre tendremos éxito y nos superaremos, y no siempre nos saldrán todas las cosas de la vida como queremos. A veces, podemos fallar o tropezar con un objetivo, o algo puede impedirnos alcanzar lo que queremos.

Si aguantamos y seguimos comprometidos con la misión, acabaremos superando las dificultades y alcanzando el éxito.

Esto es muy importante para la comunicación. Supongamos que te enfrentas a un público especialmente difícil y que, por mucho que lo intentes, no consigues transmitir tu mensaje. ¿Significa esto que hay que levantar las manos, rendirse y marcharse? ¿Y si un gran negocio depende de que consigas la aprobación de ese público difícil?

No. Te quedas ahí. Escuchas lo que se dice y te tomas tu tiempo para responder. Aunque te lleve dos horas, escuchas a todo el mundo y sus opiniones, comprendes sus puntos de vista y compartes lo que se te ocurre. Así es como la perseverancia se une al éxito de la comunicación.

- Reconozca sus logros. Compáralos con tus estándares personales de superación. Ten la convicción de tus convicciones. No cambies el camino de tu vida por las opiniones de los demás y no te enfrentes a otros individuos. Hazlo tú.
- Haz un esfuerzo concertado para mejorar tu vida. Esboza tus objetivos, estrategias y calendario. Conozca los recursos que pueden ayudarle a conseguirlo. Empiece por dividir el objetivo general en hitos a corto plazo y haga un plan sobre lo que debe hacer primero.
- Aclare su objetivo. Debe basarse en tus objetivos, necesidades y capacidades. Entiende por qué quieres este objetivo y cómo te beneficiará a ti y a los demás.
- Tenga presente en todo momento el resultado deseado. Repasa tu objetivo cada mañana al levantarte.
- Esfuérzate por ver lo que has conseguido cada día. Aunque se trate de algo realmente pequeño, no deja de ser un trabajo hacia el fin que deseas. Digamos que tienes una reunión importante dentro de una semana. ¿Te has preparado hoy? ¿Hiciste una lluvia de ideas? ¿Estás haciendo tu parte para estar preparado? Hazte estas preguntas.

Continuando, veremos los fundamentos que constituyen una buena comunicación, y cómo se pueden desarrollar hábitos que contribuyan a ella.

4

Los Fundamentos De La Comunicación

EMPECEMOS por analizar una cosa muy sencilla. Cuando nos comunicamos, ¿qué esperamos conseguir? La comunicación no es lo mismo que hablar, porque cuando hacemos esto último, nos limitamos a pronunciar un montón de palabras sin dar crédito a los pensamientos o sentimientos de los demás. Oxford Languages considera que la comunicación es *la transmisión o el intercambio de información verbalmente, por escrito o por algún otro medio. La* palabra clave sobre la que me gustaría llamar la atención es la de *intercambio.* La comunicación no consiste en que una de las partes hable y se limite a decir lo que piensa. Es un intercambio entre dos personas, que implica que ambas compartan y expresen sus opiniones sobre el tema en cuestión.

La capacidad de comunicarse eficazmente es un componente vital de todas las relaciones, y es un componente fundamental de cualquier colaboración exitosa.

. . .

En todas las relaciones, uno está destinado a experimentar conflictos, pero tener un estilo de comunicación eficaz le ayudará a superar los desacuerdos y a fortalecer su conexión. La comunicación te permite transmitir a los demás lo que estás viviendo y lo que necesitas para ser feliz, a la vez que estás abierto a escuchar lo que tienen que decirte a ti.

La comunicación es extremadamente beneficiosa para las relaciones; te permite mantener la conexión con los demás al tiempo que satisfaces tus necesidades personales.

La comunicación es una técnica que nos permite ejercer nuestra influencia sobre los demás, provocar cambios en nuestras actitudes y en las de los demás, motivar a los demás en nuestro entorno inmediato y ampliado, y desarrollar y mantener relaciones con esas personas. La comunicación es un componente importante de nuestra ajetreada vida y se considera una actividad social. En virtud de ello, es mucho más que emplear simplemente la herramienta del habla.

Implica adaptar lo que uno dice teniendo en cuenta el impacto que sus palabras tienen en los demás, así como tener en cuenta otros factores, como la ubicación, el lenguaje corporal y los temperamentos.

. . .

De hecho, para que la comunicación se produzca, tienen que darse unas cuantas condiciones.

Cada una de estas condiciones tiene a su vez sus propios pasos y facetas. Dediquemos algo de tiempo a verlas.

- La comunicación comienza con la fuente. La fuente es la creadora del canal de comunicación. Es responsable del primer paso, que consiste en imaginar el hilo de comunicación que tendrá lugar. Supongamos que quieres hablar de un viaje con tu amigo. En este caso, tú eres la fuente de la comunicación, ya que has imaginado un viaje cuyos detalles vas a crear y compartir con tu amigo.

Como fuente, usted tiene la responsabilidad de determinar el contenido inicial del mensaje, además de cómo lo va a presentar. El siguiente paso es determinar la forma en que va a presentar su mensaje, qué debe decirse primero, qué puede esperar, cómo priorizar un aspecto concreto, etc.

El tercer paso es compartir la información que has preparado con tu amigo, que es el receptor. Puedes transmitirla verbalmente, cara a cara o virtualmente a través de una llamada, un texto o un correo. Como fuente, tienes la responsabilidad añadida de calibrar la reacción del receptor y saber si hay que modificar algo en función de sus respuestas.

- La siguiente condición es la presencia de un mensaje. En esta situación hipotética, el mensaje es el viaje que quieres compartir con tu amigo y todos los detalles que conlleva. Al compartir un mensaje, el significado que transmitas dependerá no sólo de tus palabras, sino también de tu lenguaje corporal, tu tono y tu disposición a modificar el mensaje original en función de la respuesta del receptor. Hay otras facetas, como la gramática adecuada y la organización para que se prioricen los puntos más importantes.

Tu aspecto, y el entorno en el que compartes tu mensaje, también tiene mucho que ver con cómo será percibido. Por ejemplo, digamos que te encuentras con tu amigo justo antes de que tenga que asistir a una importante reunión de trabajo y le dices que debe ir de viaje contigo. Evidentemente, no obtendrá la respuesta que busca. Quieres que el ambiente sea tranquilo y alegre, algo en lo que tu amigo también sea libre y esté dispuesto a mantener una conversación contigo.

- A continuación, tenemos el canal. Este es básicamente el facilitador que permite que la conversación fluya desde ti (la fuente) hasta el receptor. Siempre que se transmite un mensaje, hay que utilizar un medio. Piénsalo. El mundo funciona con la comunicación, y sin canales, el propio mundo dejaría de funcionar. Las noticias políticas de todo el mundo no nos llegarían, la actual era del trabajo desde casa (dada la pandemia) no sería aplicable, ¡y no tendríamos ni idea de nada de lo que ocurre fuera de nuestro entorno inmediato!

Así, cuando nos comunicamos, utilizamos un canal. Si se trata de una conversación cara a cara, este canal se convierte en nuestra boca, a través de la cual transmitimos los mensajes. Nuestras manos, los movimientos del cuerpo y el tono contribuyen a la gravedad de este canal. Del mismo modo, los canales pueden incluir los teléfonos, los correos electrónicos, los mensajes, las notas de voz y las plataformas de reuniones basadas en la web, como Google Meet y Zoom. Los canales escritos también incluirían los periódicos, los blogs y las revistas, que nos ayudan a comunicarnos con un público más amplio.

- El siguiente componente esencial es el receptor, que es el responsable de recibir e interpretar su mensaje. Como receptor, escuchará lo que usted tiene que decir, y también se le puede pedir que demuestre otros sentidos, como el tacto, el gusto o el olfato, para que el mensaje en cuestión se interprete correctamente. Por ejemplo, si le comunicas lo molesto que estás por un acontecimiento concreto, pueden responder tocándote con empatía para asegurarse de que entiendes que están ahí para ti.

Debes recordar que el destinatario y tú sois dos personas completamente diferentes. Puede que usted desee que su mensaje se interprete de una manera determinada, pero ellos pueden tomar otra ruta de comprensión.

Por lo tanto, es fundamental que seas lo más claro y transparente posible como puedas cuando te comuniques, y asegúrate de que tu tono es respetuoso y amistoso (a menos, por supuesto, que los dos estéis discutiendo, en cuyo caso, haz patente tu enfado, pero sigue siendo lo más respetuoso posible).

- El siguiente componente esencial es la retroalimentación. Cuando el destinatario responde a tu comunicación, básicamente te está dando una respuesta a tus ideas iniciales. Esta retroalimentación abarca los mensajes que te envían de vuelta, y estos mensajes se componen de *cómo perciben la información que has compartido con ellos.* ¿Están satisfechos? ¿Les gustaría cambiar algo? ¿Hay algún aspecto concreto sobre el que les gustaría llamar la atención? ¿Tienen alguna sugerencia? Todas estas son preguntas que se responden a través de los comentarios.

Una buena retroalimentación es importante para aumentar la transparencia de su comunicación. Cuanto más entiendas lo que tu público tiene en mente, y si algo que has dicho les ha irritado -y en caso afirmativo, *por qué les ha afectado de esta manera-*, más en condiciones estarás de modificar tus declaraciones.

Por ejemplo, supongamos que su amigo (el destinatario) y usted (la fuente) han acordado un lugar concreto para visitar; sin embargo, usted ha elegido un hotel que no le gusta.

Si no te lo comunican claramente, entonces seguirás adelante y reservarás ese hotel. Esto le acarreará muchos problemas e incomodidades más adelante. En cambio, si tu amigo te aclara que no se siente cómodo en ese hotel y te da una razón legítima para ello, puedes modificar tu respuesta y llegar a un acuerdo que os satisfaga a los dos. Ese es el poder de la retroalimentación.

- Para que se facilite la comunicación, tiene que haber un contexto. El contexto es la base de toda la comunicación entre la fuente y los receptores. Por ejemplo, si quieres hablar de tus planes de viaje, tiene que haber un contexto, una preparación si quieres. Este contexto da el tono y el marco a lo que tienes que decir. Una conversación no se produce en el vacío, sino que forma parte de un proceso más amplio. La situación en la que se comunica la información se denomina contexto.

El contexto ayuda a establecer el significado y puede influir en lo que se dice y en cómo se dice. No empezarás una conversación sobre viajes diciendo algo como "Me gusta el café" (¡a no ser que el único propósito de tu viaje sea conseguir un buen café!).

Dirás algo como: "He encontrado un lugar increíble, y los dos estamos muy ocupados todo el tiempo. ¿Qué te parece un viaje?". Sienta las bases de lo que se espera, y de cómo ambos podéis llegar a una conclusión agradable.

- Por supuesto, el entorno que te rodea es una condición indispensable para una buena comunicación. Se trata básicamente del entorno en el que se intercambia la información entre tu amigo y tú. Esto también incluye el entorno, como la vestimenta, si el evento es formal o informal, y si os reunís para comer, cenar o simplemente para tomar un café.

Cuando se sale a comer o a cenar, el entorno es más formal, mientras que una cita para tomar un café es mucho más relajada y deja espacio para conversaciones informales.

El entorno es importante si lo piensas. Por ejemplo, digamos que tienes que hablar de planes de viaje y decides que el mejor lugar para hacerlo es un cine. Por supuesto, ¡tú nunca lo harías porque el resultado sería divertidísimo! ¿Cómo discutirías algo cuando hay tanta acción en la pantalla delante de ti?

- Por último, tenemos el ruido, que puede provocar interrupciones no deseadas. Esto es algo con lo que hay que tener cuidado, sobre todo si se está conversando sobre algo serio o se tiene prevista una discusión seria. Si tienes planeada una conversación seria, no querrás hacerla en un lugar en el que haya bocinas de coches, o música alta, o demasiada gente hablando. Quieres un lugar tranquilo con un mínimo de distracciones.

El ruido fuerte sirve como elemento disuasorio simplemente porque garantiza que una persona no pueda oír todo lo que se dice. El ruido de fondo puede hacer que el oyente malinterprete el mensaje, ya que resulta difícil centrarse en elementos específicos del sonido/mensaje cuando hay muchas interferencias.

Cuando quieres comunicarte pero te resulta difícil debido al fuerte ruido de fondo, puede que te encuentres hablando más alto para que se oiga tu discurso. Incluso puede gritar o chillar, y esto puede ser un problema. Si te centras en hablar más alto, puedes perder la noción de lo que estás diciendo.

En este caso, tus oyentes no te entenderán.

. . .

De nuevo, si quieres mantener una conversación ligera y divertida, puedes elegir un entorno informal, como un parque donde puedas dar un paseo y hablar de lo que tienes en mente. Recuerda siempre que los entornos externos influyen en la claridad de lo que dices, así que elige el entorno con cuidado.

Esto resume este capítulo. En el próximo, vamos a cubrir diferentes aspectos del lenguaje corporal, y cómo puede impactar en tus patrones de comunicación.

5

El lenguaje corporal esencial

Puede que no seas consciente de ello intencionadamente, pero el lenguaje corporal marca una gran diferencia en la forma en que tu mensaje es percibido por el receptor en la comunicación. El lenguaje corporal del receptor también influye en la forma en que una fuente siente la información que ha compartido. Es uno de los factores más importantes que influyen en la forma en que se perciben los mensajes y en si se tratan de forma constructiva o no.

Cuando aprendí la sencilla ciencia que hay detrás de la comunicación, una de las primeras cosas que me dijeron que tenía que trabajar era mi lenguaje corporal. Esto me dejó un poco confundido al principio. No tenía ni idea de que mi forma de estar de pie, de mover los ojos, de encorvar la espalda o de gesticular con los brazos tuviera algo que ver con mi forma de comunicarme. Pero cuanto más aprendía sobre el lenguaje corporal, más evidente resultaba.

. . .

Piénsalo. Nuestro cuerpo es un signo revelador de lo que sentimos por algo. Cuando estamos muy emocionados, nuestros gestos con las manos se vuelven frenéticos, nuestros ojos se iluminan, nuestro tono se vuelve animado y a menudo nos movemos mientras hablamos porque no somos capaces de contener nuestra emoción. Si estamos tristes, se nos caen los párpados, parecemos molestos y nuestro tono se vuelve pesado y vacilante. Si estamos enfadados, hablamos en voz alta y agitamos los brazos. Si nos sentimos culpables o inseguros, nuestros ojos suelen negarse a establecer un contacto directo con la audiencia, haciéndonos aparecer como personas inseguras e incapaces de tomar decisiones acertadas.

Todo lo que comunicamos debe un aspecto de su ser a nuestro lenguaje corporal.

El lenguaje corporal es un conjunto de señales no verbales que empleas para transmitir tus emociones e intenciones a otras personas. Entre los movimientos del cuerpo están las expresiones faciales (como sonreír o fruncir el ceño), los gestos (como usar las manos) y las distancias entre las partes que se comunican. Tu capacidad para leer y analizar el lenguaje corporal puede ayudarte a identificar problemas o malas emociones en los demás que no se expresan verbalmente.

Tienes que aprender a utilizar el lenguaje y las acciones de forma constructiva para apoyar tus declaraciones orales y hacerlas más persuasivas.

La comunicación no verbal se ve favorecida en gran medida por el uso del lenguaje corporal no verbal. Una cosa que hay que tener en cuenta en todo momento es el grado de formalidad que se requiere para una conversación concreta.

No será adecuado que bromee o se ría en una situación de comunicación profesional, mientras que hacerlo en una conversación informal con amigos sería perfectamente aceptable y quizá incluso deseable.

Cuando alguien nos escucha comunicar, no se limita a escuchar lo que decimos. Están teniendo en cuenta nuestro nivel de comodidad mientras hablamos, si nos apasiona el tema, si estamos seguros de nosotros mismos, si nuestros ojos están enfocados o movidos, si estamos tanteando con las manos, y otras veinte cosas de las que quizá no tengamos la menor conciencia.

Las investigaciones sugieren que cuando nos comunicamos, sólo el 35% de la comunicación es verbal. *Esto significa que el otro 65% es comunicación no verbal, mandada por otros factores, el principal de los cuales es el lenguaje corporal* (Foley y Gentile, 2010).

Así que, ahora que sabes esto, también sabes que, independientemente de tus sentimientos y caprichos personales, cuando te comunicas con otra persona, tu mensaje *debe* transmitirse con un lenguaje corporal limpio y bueno. Es la única manera de reducir la ambigüedad entre usted y el destinatario. He aquí algunos consejos para empezar con buen pie.

Antes de ver las cosas que debe hacer, veamos algunas que no debe hacer.

- Recuerda que un lenguaje corporal positivo es señal de que alguien es accesible y está abierto a una discusión sana y constructiva. Ayuda a los demás a sentir que no se les amenaza o que tienen que escuchar a alguien que no tiene interés en lo que dice. Te hace accesible y probablemente te ganes el respeto de tus destinatarios. Por lo tanto, nunca utilices un lenguaje corporal defensivo. Esto aleja a los demás de ti y hace que parezca que no estás abierto a una discusión sana.

No muestres desinterés por nada de lo que los destinatarios tengan que decir, ya sea en forma de comentarios o críticas. Esto te hace parecer vanidoso e irresponsable, y también puede conducir a resultados negativos en tus oportunidades profesionales.

- Intente no mostrar un lenguaje corporal cerrado. Las personas con disposiciones abiertas son francas, atractivas e interactivas en sus interacciones con los demás. Cuando hablan, tienen tendencia a utilizar mucho sus manos. Como siempre parecen acogedores y honestos, es sencillo conectar con personas que utilizan un lenguaje corporal abierto.

Parecen estar constantemente deseosos de entablar una conversación constructiva. Es más probable que las personas de personalidad cerrada oculten sus verdaderas intenciones.

Tienen tendencia a cruzar los brazos y las piernas, a mantener las manos pegadas al cuerpo cuando hablan y a hablar en un tono monótono.

- Por último, sé asertivo sin ser grosero. Hay un mundo de diferencia entre ambas cosas. Cuando eres asertivo, expresas tu punto de vista, pero también escuchas las opiniones de los demás. Cuando eres grosero, dices lo que tienes que decir y no escuchas nada de lo que los demás tienen que ofrecerte. No estés en la segunda categoría. Elige siempre, siempre, el camino más constructivo.

Ahora, ¡aquí hay algunas cosas que hacer!

- Empiece por tener una idea clara de lo que quiere transmitir. Prepárate antes de comunicar algo a los demás, porque si entras sin ninguna preparación, a menudo se convierte en un auténtico calentón.

¿Se ha dado cuenta de que cuando nos comunicamos de forma espontánea, a menudo perdemos el hilo de lo que estamos diciendo, y a los dos minutos de la conversación estamos comunicando algo totalmente diferente a lo que pretendíamos? Esto puede ser un problema, así que si se trata de una comunicación importante, hay que estar siempre preparado. Algunas cosas serán espontáneas, pero si el punto principal está claro, el resto fluirá.

- Intenta mantener siempre la espalda recta mientras estás de pie. Estar encorvado o encorvado también puede dar la impresión de ser poco inspirado y perezoso. Si pareces débil o perezoso, tendrás problemas para encontrar a alguien que quiera hablar contigo. A la gente le gusta una personalidad activa. Además, una mala postura de pie es un signo de baja autoestima.

Una espalda recta da la apariencia de ser confiado y seguro de sí mismo. Además, tener una buena estatura causa una primera impresión positiva. Su mensaje se transmitirá con mucha más claridad y positividad si no da la impresión de que le pesa.

- Procura no meter las manos en los bolsillos cuando te comuniques con otra persona. Esta posición demuestra una falta de respeto. Recuerda que tu lenguaje corporal es más expresivo cuando utilizas los brazos, y que éstos dicen mucho a los demás sobre cómo te sientes y qué te interesa.

Si te interesa y apasiona tu tema de conversación, asegúrate de transmitirlo con las manos. Eso no significa que tengas que agitarlas como si fueras un pájaro. Simplemente manténgalas fuera, extiéndalas cuando hable y piense en ellas como canales que dan sentido a sus palabras. Práctica en casa frente a un espejo si es necesario.

- Mire siempre a su público. No mires de reojo ni les des la espalda. Si lo haces, da la impresión de que quieres terminar la conversación lo antes posible y no quieres mirarles mientras hablas. Lo ideal es estar directamente de frente. No te pongas de pie con los brazos cruzados porque esto da la impresión de que estás a la defensiva o enfadado. Esto asusta a los demás. Mantén siempre una postura frontal y neutral.
- No vaciles ni desvíes la mirada cuando te comuniques con alguien. Los ojos son verdaderos caminos para saber cómo te sientes con respecto

a algo, y si no estás apasionado, se notará en la forma en que los mueves.

Cuando sus ojos no participan en la comunicación con los demás, a menudo parece que se siente asustado o intimidado por ellos. Esto puede hacerles sentir que la conversación no va a llegar a ninguna parte, incluso antes de que haya empezado.

Peor aún, *te hace parecer culpable.*

Cuando era una adolescente angustiada, a menudo no era capaz de enfrentarme a mis padres cuando había hecho algo desviado, como ir a por el trozo de tarta extra que habían guardado con tanto cuidado en la nevera porque me daba hambre a las once de la noche.

Lo curioso es que mis padres nunca le dieron importancia, pero fue más tarde cuando me di cuenta de que cada vez que me preguntaban por ello, o cada vez que me enfrentaban a algo que había hecho mal, *siempre evitaba el contacto visual.*

. . .

Es un patrón que casi todos seguimos, así que haz lo posible por no hacerlo nunca al comunicarte. ¿De qué te sientes culpable? ¡Sólo estás tratando de compartir algo con tu audiencia! E incluso si estás aclarando un error, míralos siempre. Esto demuestra que aceptas tu error y estás dispuesto a trabajar en él.

- Cuando intentes proyectar autoridad, mantén la cabeza alta y los hombros hacia atrás. Al hablar, inclinar la cabeza es un movimiento típico del cuerpo. Podemos asentir con la cabeza cuando estamos de acuerdo con lo que se dice, podemos inclinar la cabeza para expresar compasión y conectar con lo que otra persona está diciendo, o podemos sacudir la cabeza para tranquilizar a alguien que se siente inseguro.

Aunque es comprensible que haya momentos y lugares en los que sea apropiado inclinar la cabeza, cuando se quiere transmitir una sensación de autoridad, es mejor mantener la cabeza lo más recta y neutral posible.

- Por último, recuerde que la movilidad de las extremidades es aceptable. Su entusiasmo, su curiosidad y su deseo de comunicarse con claridad se transmitirán a través de sus movimientos y gestos, además de sus palabras. Procure no apretar los puños y asegúrese de que las palmas de las manos están abiertas. Además, debe mantener una postura cómoda, tanto si está sentado como de pie.

Ten un aspecto seguro y sonríe siempre cuando hables de algo que te apasione. Asiente a menudo con la cabeza para que las personas con las que estás conversando entiendan lo interesado que estás en escucharlas. Todas estas cosas te harán conseguir un público receptivo y concentrado.

¿Sabías que una parte importante de la comunicación no tiene nada que ver con lo que dices? Si lo piensa bien, escuchar es una habilidad, y muy importante. Escuchar te permite ser receptivo a lo que has dicho, y también te permite entender dónde puedes haber hecho puntos que necesitan ser modificados o alterados. Cuanto mejor seas como oyente, más se beneficiará su comunicación en general. En el próximo capítulo veremos el papel de la escucha en la comunicación.

6

La capacidad de escuchar es un superpoder

"EL MAYOR PROBLEMA de comunicación es que no escuchamos para entender. Escuchamos para responder". - Stephen Covey

A menudo se dice que gran parte del éxito de la comunicación depende de cómo se recibe la comunicación.

Cuando hablamos con otra persona, estamos compartiendo información con ella. Esto significa que esta información tiene que ser percibida, interpretada y entendida por ellos.

Obviamente, cuando el receptor hace esto, se formará una opinión sobre lo que le hemos comunicado inicialmente.

. . .

Una buena comunicación se basa en escuchar y ser receptivo a estas opiniones, y a la retroalimentación que nuestros receptores comparten con nosotros.

La escucha activa demuestra respeto y madurez. La escucha activa demuestra respeto y consideración por el presentador u otros participantes en la conversación. Cuando se interrumpe constantemente y no se escucha, es difícil mantener una conversación significativa y esclarecedora. Da la sensación de que sólo quieres hacer oír tu opinión y que no puede haber nada más importante. Esto no deja espacio para un debate constructivo.

Piénselo. Siempre que estés en presencia de un buen orador, éste dejará espacio para las preguntas. *Te preguntarán qué has sentido durante la sesión de comunicación, cómo has interpretado las cosas y si tienes alguna sugerencia sobre lo que se puede hacer mejor.*

Esto significa que te hagan un hueco para hablar, para que te *escuchen.*

El éxito de la comunicación se basa en esto.

¿Qué hace que escuchar sea una habilidad tan vital?

. . .

Escuchar es, sin duda, la habilidad más esencial en cualquier conversación. Escuchar es un elemento vital de toda discusión. Ayuda a comprender mejor el punto de vista de la otra parte o del presentador. Prestar atención y comprender al otro grupo o individuo supone más de la mitad de cualquier conversación o comunicación.

Cuando escuchamos con atención, hay un espacio mínimo para malinterpretar lo que otros tienen que decir. En muchos casos, nos apresuramos a interpretar las cosas, lo que puede dar lugar a un escenario en el que sólo oímos lo que queremos oír, en lugar de escuchar todo. Una de las consecuencias más frecuentes de la mala comunicación es la falta de comunicación. Cuando dos individuos no se prestan atención el uno al otro, es extremadamente sencillo malinterpretar algo o el significado de las palabras de otra persona.

Muchas veces, los errores de comunicación no son un gran problema, pero hay casos en los que pueden tener graves ramificaciones. Consideremos el siguiente escenario: nuestro empleador nos ha informado de que obtendremos un ascenso si presentamos un informe de fin de curso satisfactorio. No prestamos atención a todo el hilo; la única sección a la que prestamos atención es la parte de la "promoción". Esto puede crearnos muchos problemas, sobre todo si nos da pereza y, como resultado, no conseguimos el ascenso.

Escuchar te permite posicionarte como alguien de quien los demás pueden depender. Un buen amigo es normalmente alguien a quien podemos recurrir cuando necesitamos desahogarnos o expresar nuestras preocupaciones. A veces, podemos encontrar a alguien en nuestro círculo social que esté dispuesto a apoyarnos en momentos de crisis y a escuchar nuestro desahogo emocional. Esto hace que esta persona sea querida, aceptada y una gran compañía. Él o ella no tiene ninguna relación con nuestras situaciones, pero nos acepta de todos modos.

No siempre necesitamos consejos; a menudo, lo único que necesitamos es que alguien preste atención a lo que tenemos que decir. Ser un buen oyente es una habilidad; ser capaz de proporcionar apoyo, ánimo y curación es algo de lo que todo el mundo puede beneficiarse. La capacidad de escuchar está ciertamente infravalorada en nuestra vida cotidiana, y merece más crédito.

Los problemas pueden resolverse con mayor eficacia si se sabe escuchar. Muchos problemas pueden abordarse tomándose la molestia de entender los puntos de vista de todos.

. . .

Escuchar deja poco o ningún espacio para los conflictos incómodos. El hecho de que ambas partes sean oyentes inadecuados contribuye a la mayoría de las disputas que se producen *porque simplemente no se quiere escuchar lo que la otra parte tiene que decir*.

No escuchar a los demás puede molestar a la gente en las conversaciones críticas y también puede causar cierta confusión.

Recuerdo un incidente de hace mucho tiempo como si hubiera ocurrido ayer. Se trata de uno de mis amigos más queridos cuando apenas los estaba conociendo. Estaba pasando por un momento difícil en mi vida y necesitaba a alguien que simplemente me escuchara.

En este caso, no pretendía ser realmente la fuente de la comunicación, sino que lo que quería era que alguien me aconsejara sobre lo que debía hacer.

Resultó que lo que realmente quería era un espacio para desahogarme. No me di cuenta entonces, pero lo que me dió en nuestra relación fue el hecho de que esta persona eligió estar cerca y escucharme incluso en situaciones en las que me había llamado, y se suponía que yo estaba en el lado de la escucha.

. . .

A veces, es importante entender que incluso como comunicadores, algunas situaciones necesitan que seamos *primero oyentes.*

Existe una profunda conexión entre ser escuchado y sentirse apreciado. Puede que te convenza o no, pero no pierdes nada con escuchar otro punto de vista sobre el asunto, ya que puede ayudar a mantener las tensiones bajas a largo plazo. Cuando las personas se sienten a gusto, las diferencias se aclaran, y es fácil ver cuando todo el mundo está tranquilo de poder navegar por una situación complicada sin caer en el conflicto.

Escuchar es esencial para construir relaciones a largo plazo.

Toda relación eficaz se basa en la comunicación. La capacidad de escuchar activa y eficazmente fomenta la comunicación y, como resultado, forma relaciones y amistades más fuertes.

Por último, escuchar ayuda al desarrollo personal: una mayor escucha culmina en una vida cotidiana mucho más completa. Cuando un buen oyente está disponible, se le considera una persona informada que puede entender y empatizar con los demás. Tenemos más conexiones emocionales y nos encontramos con menos situaciones desagradables en nuestra vida diaria cuando tenemos una gran capacidad de escucha.

Ahora que sabemos por qué es tan importante escuchar, veamos algunas cosas que puedes practicar para mejorar tu capacidad de escucha.

- Una vez más, emplee un lenguaje corporal más positivo. Un lenguaje corporal tranquilo y abierto demuestra que se sabe escuchar. Parecen estar atentos a lo que se dice, ya que se inclinan hacia delante. En sus rostros se muestran diversas emociones, desde una sonrisa hasta la preocupación, pasando por la empatía, y muchas más.

Al dar estas señales al interlocutor, le estás diciendo que se le escucha. Si tu amigo se siente estresado, acuérdate de consolarle con dulzura. A muchas personas no les gusta la compasión y quisieran evitarla por completo. En su lugar, consuélalos, sin hacerles sentir que eres mejor que ellos.

- Haz que tu audiencia se sienta a gusto, especialmente si está a punto de compartir algo personal contigo. Expresando una actitud positiva hacia el mensaje, puede proporcionar al orador un apoyo emocional. Demuestre que está interesado en escuchar lo que se dice. Una sonrisa, un contacto visual o un comentario alentador, como "Por supuesto, por favor, cuéntame" o "Por favor, continúa. Estoy escuchando" son formas eficaces de animar a los demás.

- No te involucres inmediatamente. Algunas personas creen que es normal, e incluso propicio, dar una respuesta rápida e instantánea al problema de otra persona mientras siguen recibiendo información de ésta. Cambia la mentalidad para no tomar lo que dicen los demás al pie de la letra y tómate un tiempo para escucharlos y aportar una solución a su problema *sólo si te lo piden*. Para escuchar de verdad a alguien, hay que centrarse menos en todas las posibles respuestas a sus problemas y más en los detalles de lo que les preocupa.
- Presta atención a la opinión de la otra persona. Después, si acaso, puedes intentar ayudar. Mantén las interrupciones al mínimo. Escuchar y entender a otra persona es un reto, ya que estamos bombardeados de ruido a nuestro alrededor en todo momento. Mantener al mínimo las distracciones e interrupciones, como las llamadas telefónicas, es fundamental para poder escuchar lo que alguien dice y entenderlo realmente sin malinterpretarlo.

A menudo hemos oído que debemos evitar las conversaciones triviales. Y en ciertas situaciones, como las conversaciones formales o las reuniones, eso es muy cierto. Pero en otras situaciones, las conversaciones triviales suelen ser bienvenidas y pueden servir para romper el hielo. En el próximo capítulo veremos qué es la charla trivial y cómo incluirla de forma eficaz en la comunicación diaria.

7

Cómo dominar la conversación trivial

¿Está usted familiarizado con la frase: *ir al grano?* Esta frase puede causar estragos en la mente de los comunicadores más experimentados. Puede hacernos sentir que hemos compartido información inútil, que no sabemos cómo presentarnos y que nos estamos avergonzando. Esto puede hacer que dejemos de lado el concepto mismo de charla trivial.

Lo cual no es correcto.

Porque la conversación trivial es realmente esencial. Es la piedra angular de la mayoría de los flujos de comunicación.

Piensa. ¿Cuándo confiamos realmente en las conversaciones triviales? *Cuando estamos conociendo a alguien.*

. . .

Esto se debe a que la charla trivial se convierte en una forma esencial de conocer detalles sobre ellos, como de dónde son, qué les gusta hacer, sus gustos y aficiones, dónde trabajan, si están casados, etc. No se puede entablar una conversación con alguien nuevo y empezar simplemente diciendo: "Hola, hay que hacer esto". *Antes de llegar al cuerpo de la conversación, hay que dedicar tiempo a construir una introducción.* Una buena charla cubre esta introducción.

Las bromas nos ayudan a iniciar una conversación que sirve para presentarnos. El contacto y la conexión con los demás a través de una pequeña charla es un método para establecer y mantener relaciones que durarán más tiempo. Su objetivo es proporcionarle puntos de contacto con compañeros, colegas, colegas y otras personas que duren más tiempo.

Los esfuerzos de cooperación se lubrican gracias a tus conexiones sociales con otras personas, no a tus propios esfuerzos. La capacidad de conectar socialmente con otros requiere que seas capaz de entablar una pequeña charla. Mantener conversaciones breves sobre temas distintos al trabajo que estás haciendo ayuda a reforzar la conexión entre tú y otra persona, lo que ayuda a que las interacciones y peticiones más dirigidas a un objetivo sean más fáciles.

. . .

Puede afinar las cosas que quiere decir en las charlas triviales y descubrirá rápidamente que es un método eficaz y útil para desarrollar y ampliar su red de contactos.

La naturaleza, las películas, el entretenimiento, los deportes y los artículos de las noticias, entre otros, son algunos de los temas más populares de las charlas triviales, al igual que una gran variedad de otros asuntos. Para que la comunicación tenga éxito, hay que entender lo que el público sabe y lo que no sabe. Gran parte de lo que comunique puede incluir datos nuevos que van más allá de lo que su audiencia sabe de usted. En consecuencia, la charla trivial se convierte en un medio para que el proveedor de información obtenga del receptor algunos datos cruciales sobre él.

Y lo que es más importante, las conversaciones triviales te ayudan a establecer una relación fácil y amistosa con los demás.

Cuando nos encontramos con alguien por primera vez, las conversaciones triviales adquieren una importancia especial.

Es nuestra oportunidad de crear una primera impresión sólida. La gente hace juicios rápidos sobre nosotros en cuestión de segundos. La cháchara nos permite exponer la capa más externa de nuestra personalidad. La utilizamos para mantener nuestro interior a salvo y seguro. Los temas poco controvertidos y las bromas ligeras en relación con las conversaciones triviales nos permiten retener información que debería compartirse más adelante, cuando estemos más íntimamente conectados. No es posible compartir estas partes de nosotros mismos desde el principio.

Eso requiere tiempo. Mientras tanto, la charla trivial nos asegura que todavía tenemos pequeñas cosas de las que hablar para que el silencio no se vuelva incómodo o abrumador.

Piensa en conocer a alguien por primera vez. No te será posible compartir con ellos la historia de tu vida en un día, ¿verdad? Así que una pequeña charla compensa esos vacíos, *hasta que estés preparado para compartir más.* Cuando dos personas se encuentran en el mismo lugar, es habitual que se intercambien charlas para llenar el vacío de la tranquilidad.

El silencio puede ser una fuente de incomodidad.

Es imposible resistirse a entablar una charla. La capacidad de entablar una charla fructífera es una habilidad social que puede aprenderse. Es posible mejorar tus habilidades para hablar de más y crear una primera impresión favorable.

- En primer lugar, recuerde que la primera impresión, aunque subjetiva, puede dejar un impacto duradero en cuanto a quién es usted con los receptores de su comunicación. Por ello, procure que el flujo de su comunicación sea relajado y seguro de sí mismo. Cuando pensamos en una conversación trivial, hay dos tipos que me vienen a la mente. Uno es el tipo supremamente incómodo, que nos hace encogernos y pensar, *¿por qué dirían eso?* y el otro es algo que nos reconforta y nos hace sentir bienvenidos.

- En segundo lugar, elija algo genérico al entablar una conversación trivial. Intenta no compartir nada demasiado personal sobre ti. Comenta algo general, pregunta al destinatario por sus aficiones, y lo mejor: pregúntale por sus gustos y disgustos para que puedas encontrar un terreno común sobre el que construir tu comunicación.
- En tercer lugar, sonría siempre y asienta con la cabeza cuando mantenga una conversación trivial. Independientemente de lo trivial que sea la información, no debe parecer que no le interesa lo que está diciendo. Recuerde que esto será una base para construir otras cosas, así que con esto en mente, siempre esté interesado en lo que está hablando.
- Asegúrese de que el destinatario de su comunicación se sienta cómodo y a gusto con lo que le dice. En ningún momento debe dar la sensación de que algo que has dicho les ha hecho sentirse incómodos o fuera de lugar. Por eso, mantén siempre una postura relajada y, si alguien dice que no se siente cómodo compartiendo algo, simplemente di algo simpático como: "No pasa

nada, podemos hablar de otra cosa", y traslada la conversación a un tema más general, como el cine o la música.
- Escucha siempre con atención lo que dice la otra persona. Puede que pienses que esto es algo obvio, pero créeme, no querrás perderte detalles importantes. Digamos que te acaban de decir que tienen una alergia importante, como los cacahuetes. No prestas atención, y en tu próxima reunión, pides un plato que suele estar hecho con cacahuetes.

¡Esto sería potencialmente un desastre!

No puedo insistir lo suficiente en la importancia de escuchar con atención, porque cuando lo haces, realmente estás tratando de aprender pequeñas cosas sobre la otra persona que te ayudarán a establecer un terreno común con ella.

- Intenta tener en mente una lista de temas seguros, sobre todo si es la primera vez que te comunicas con alguien. Siempre hay algunas cosas de las que todo el mundo puede hablar sin sentirse tonto o agobiado. Esto incluye temas como la comida favorita, los colores preferidos y cosas que hacer, películas favoritas, por qué les gustan ciertas películas o libros, quiénes son sus actores favoritos y qué les gusta de ellos, si son aficionados a las redes sociales y por qué.

Todos estos temas son generales y *todo el mundo* tendrá algo que decir sobre ellos. Tenlo en cuenta cuando entres en una comunicación temprana.

- Muestre un entusiasmo genuino por lo que le dicen los demás, aunque un gusto concreto no le guste. Puede que a tu público le guste Tom Hanks y a ti no. Pero escuche. Averigua por qué les gusta, qué películas han visto y qué piensan de ellas. Escuche para poder entender lo que atrae a su público, porque cuando la gente habla de sus cosas favoritas, en realidad está revelando pequeñas cosas sobre sí misma que usted puede utilizar para crear fuertes vínculos con el tiempo.

Hablar con desconocidos es una oportunidad para crecer y aprender algo nuevo. Si quieres conocer a alguien y saber de qué va, muéstrate abierto y participa con él.

Mostrar un interés genuino abrirá la puerta a otras conversaciones y establecerá un buen tono para cualquier otro encuentro.

- Esté completamente presente en la conversación que mantenga. No utilices el teléfono, no consultes el correo electrónico ni las redes sociales ni hagas nada que desvíe la atención de la persona que tienes delante. Recuerda que están compartiendo contigo partes de su vida cotidiana con la esperanza de que eso conduzca a una conexión común. Así que presta atención con toda tu mente y estate presente.

- Deja que la otra persona hable. No domine la conversación, y recuerde que un componente esencial de la charla es dejar que la otra persona habla mientras le haces preguntas sobre ella y dejas que *se presente a ti*. Deja que la conversación fluya entre el receptor y tú, y asegúrate de que esta conversación se basa en intentar averiguar más cosas sobre ellos, mientras tú también das sutiles detalles sobre ti.
- Por último, ¡disfruta! No pienses en esto como una tarea esencial y mundana. Más bien, míralo como algo emocionante y que te está ayudando a conocer a una persona completamente nueva. Nunca se sabe adónde puede llevarle esta asociación. Puede que encontréis un tema que os interese a los dos, y cuando eso ocurre, créeme, las conexiones que se forman son muy apreciadas. Así que tómate tu tiempo para conocer *realmente a* la persona con la que estás conversando, y diviértete en el proceso.

Otra cosa importante que hay que recordar cuando se trata del arte de la charla trivial es entender el contexto. La charla trivial suele tener mala reputación por ser trivial e innecesaria. He cometido este error un par de veces cuando mis amigos han venido y me han dicho que están cansados de la charla trivial y que quieren tener una conversación real y abierta. Es importante saber identificar cuándo una situación es pesada y exige una discusión seria y cuándo el estado de ánimo es apropiado para entablar una conversación trivial.

Recuerda que cuando nos referimos a la charla trivial lo que realmente estamos hablando son cosas, como romper el hielo, que te ayudarán a entender mejor a la persona. Estos son estupendos cuando conocemos a una persona en las etapas iniciales o cuando nos encontramos con ella después de un largo periodo de tiempo y necesitamos algo para superar la incomodidad o los silencios iniciales.

Por supuesto, la siguiente cuestión natural a la que llegamos es: ¿cómo se empieza una conversación con éxito? ¿Cómo se establece el tono y el ambiente adecuados? Y esto es exactamente lo que trataremos en el próximo capítulo.

8

Cómo iniciar una conversación con cualquier persona

Muchas discusiones eventuales comenzarán en esa primera conversación que entablas con alguien. Hay muchas cosas importantes que puedes construir durante esa primera conversación, muchas cosas que puedes conocer, y muchas cosas que dictarán cómo tienes que acercarte a alguien.

¿Por qué necesitas tanto la conversación? Podría hablar de esto durante años, pero déjame resumir los puntos más importantes.

- En primer lugar, la conversación es necesaria para la comunicación porque cuando la gente no habla, genera especulaciones sobre cosas que no existen. La gente suele sacar conclusiones sin tener en cuenta otras opciones cuando vienen de diferentes direcciones. Incluso los métodos de

comunicación textual pierden mucho de su
intención original y de su forma de entrega
cuando no se hace en persona.

Cuando no se fomenta el diálogo, mucho de lo que se quiere transmitir se pierde en la traducción. Cuando crecí, me di cuenta de que muchas de las conversaciones se estropeaban porque había transmitido algo a alguien por teléfono o por mensaje, y había llegado a otros de manera diferente. Por lo tanto, mantenga siempre una conversación en la que todos estén presentes y pueda hablar directamente con todos los presentes. Esto es especialmente importante si se trata de transmitir algo a un grupo.

- La conversación es un método eficaz para
  recabar información. Hablar de las experiencias
  de viaje de otra persona, por ejemplo, puede
  ofrecerle conocimientos valiosos para las suyas.
  Las parejas deben hablar libremente y no asumir
  que la otra persona puede leer su mente. A la
  larga, es beneficioso evitar los conflictos.

De nuevo, un ejemplo personal: Siempre he descubierto que mis mejores relaciones eran aquellas en las que me esforzaba en las *conversaciones iniciales*. Esto se debe a que en estas conversaciones iniciales lo expuse todo, conociendo a los demás, averiguando sus gustos y aversiones, y todo lo que necesitaba saber para asegurarme de que los demás se sentían cómodos en mi presencia.

- La conversación despierta la creatividad y promueve la colaboración. Las primeras conversaciones pueden ser el punto de partida de relaciones duraderas. Hablar y discutir un tema con alguien puede proporcionarte información sobre cómo mejorarlo aún más.

Cuando la primera conversación es constructiva, surgen muchas ideas importantes sobre las que se puede trabajar. Las primeras conversaciones son los cimientos de las relaciones duraderas, y a menudo se encuentran cosas que tienen en común, lo que también puede ser especialmente útil para las nuevas parejas y amigos.

Toda relación requiere un diálogo para sobrevivir: Cuando no hay comunicación, las relaciones están condenadas. Sin embargo, no se trata sólo de conexiones románticas. Los amigos y familiares deben conversar para mantenerse conectados. Porque cuando la conversación es vibrante, también lo es la relación.

Dicho todo esto, ¿cómo iniciar una buena conversación con alguien?

Si la idea de estar en una sala llena de gente es su imagen de una horrible pesadilla, la perspectiva de asistir a una fiesta o a un acto de negocios puede ser intimidante.

. . .

Este tipo de entornos sociales pueden ser especialmente difíciles si tu tipo de personalidad es introvertida, tímida o socialmente nerviosa.

Prepararse con antelación puede ayudar a aliviar la preocupación y el estrés. Para sentirte seguro de tu presentación, repasa mentalmente todo lo que quieres exponer y quizás piensa en ensayar con un colega. El primer paso para convertirse en un fantástico comunicador es estar bien preparado para el debate.

Los principios fundamentales de la etiqueta que rigen toda discusión son fundamentales. Estos establecen el tono del resto de tu discurso.

- Mantén un comportamiento cortés. Evita expresar cosas ofensivas o polémicas mientras hablas, y no te pongas a la defensiva o protejas demasiado tus opiniones. Reconozca que está en presencia de personas ajenas a la empresa, y evite hacer que nadie se sienta incómodo de ninguna manera. No se puede exagerar la importancia de la primera impresión.
- Mantenga un toque suave. Evita lanzarte a una diatriba emocional o compartir una tragedia personal a menos que ese sea el tono de la

discusión y ambos están discutiendo temas de peso.
- No te agobies por lo que quieres decir; en cambio, mantén la calma y la franqueza. Comunícate con ellos como si ya os conocierais.
- Sé sincero. No tengas miedo de ser tú mismo. La gente es capaz de darse cuenta.
- Mantén una actitud optimista. En lugar de empezar con un comentario negativo o una queja, comience con algo agradable, como mencionar lo bonito que está el día, o lo mucho que le gusta el bar o el restaurante donde se encuentra ahora.
- Hable de la gente de su barrio. La gente se complace en sus casas y en las actividades que disfruta en sus barrios, así que si reside en el mismo barrio, puede conectar sobre lo maravilloso que es. Después de eso, puede ponerse un poco más personal y hablar de los lugares donde ha vivido en el pasado.
- Pregunte por las actividades recreativas favoritas de esa persona. Quizá descubra que comparten algunos intereses comunes.

Algunas frases estupendas para iniciar una conversación:

- "¡Quienquiera que haya montado esto realmente se merece una palmadita en la espalda!"
- "¡El café de aquí es muy bueno! ¿Te gustaría probarlo conmigo?"

- "Hace un tiempo precioso, ¿verdad? ¿Qué sueles hacer los fines de semana?"
- "¡Te escuché hablar cuando estuvimos en casa *de fulano*! Me encanta tu positividad".
- "El tiempo hoy es bastante frío, pero la previsión es que mañana será luminoso y agradable".

Inicie una conversación demostrando su interés por la otra persona. Hazle creer que participas activamente en la conversación. Es posible crear una amistad con alguien que no tenía ninguna conexión previa contigo haciéndole sentir que realmente te importa lo que tiene que compartir y que sus sentimientos cuentan.

Si la otra persona cree que estás hablando sólo para sacar tus propias opiniones, te cortará al instante. En su lugar, dirige todo tu cuerpo y tu atención a esa persona, manteniendo el contacto visual sin ser demasiado intenso. Deja a la persona un espacio personal suficiente, al tiempo que le demuestras que tiene toda tu atención.

Sé agradable con los demás. No es necesario que te pongas a hacer un set de quince minutos si no quieres, pero contar algunos chistes y compartir una anécdota divertida puede ayudar a que la gente se sienta más cómoda y a que las cosas avancen. Se sorprenderá de cómo compartir anécdotas divertidas puede animar a los demás a compartir las suyas. Todo el mundo disfruta con una buena carcajada, y reírse también ayuda a los demás a sentirse más cómodos.

Este es un buen método para aligerar el estado de ánimo de las personas que se sienten tensas y animarlas a empezar a charlar. Utiliza tu ingenio para atraer la atención de la persona. Demuestre que puede ser gracioso y que tiene un ingenio rápido. Utiliza un relato breve, humorístico y entretenido si lo tienes, ya que ayudan a mantener el interés. No cuente un cuento largo que no ha ensayado de antemano, ya que no sabe cómo se lo tomará el público.

Haga preguntas abiertas y evite las preguntas directas. Una de las mejores formas de iniciar un debate es hacer preguntas, pero las personas no deben sentir que se les está sondeando si se les pregunta algo. No bombardee a la persona con preguntas sin antes proporcionarle información y entablar una conversación significativa con ella.

No hay nada peor que tener la sensación de que estás intentando torturarles para obtener información.

La otra persona se sentirá incómoda y se verá obligada a terminar la conversación cuando usted siga haciendo muchas preguntas. Pregunte por cosas sencillas como sus aficiones o intereses. Hable de algo entretenido. No hables de tragedias personales que puedan hacerles sentir incómodos o fuera de lugar.

Haz que la otra persona disfrute tanto del tema de la discusión como del propio chat. Asegúrate de que tú también participas. Debe haber un intercambio equitativo entre los dos, de modo que se sienta como si estuvieran juntos en la discusión, participando como iguales.

Y eso es todo. Recuerda también que escuchar es un componente importante para mantener una buena conversación, así que intenta estar abierto a lo que la otra persona comparta contigo. Cuando te digan algo, escucha de verdad. No muestres un interés fingido, porque si lo haces, pueden hacerte una pregunta y pillarte desprevenido. Si esto ocurre, será incómodo para ambos.

Creo que lo más importante para mantener una conversación abierta es *ir con calma*. Si entras en una situación con demasiadas expectativas, habrá problemas. Como seres humanos, uno de nuestros mayores problemas es apegarnos demasiado a los demás, miramos a otras personas *en términos de lo que nos gustaría que fueran.*

Esto es contrario a la intuición, porque otras personas, y especialmente los extraños, no se comportarán de una manera determinada simplemente porque eso es lo que se espera de ellos.

Cuando entras en una conversación con este entendimiento, te vuelves automáticamente más flexible. Y cuando eres flexible, te sientes cómodo con todo lo que pueda pasar. Siempre existe la posibilidad de que la primera conversación no salga como uno quiere, y esto no debe hacer que uno se sienta inseguro o desinflado.

Si esto ocurre, recuerda que no es posible que dos personas sean siempre compatibles o estén en la misma onda. Haz tu parte, estate abierto a lo que ocurra, y si se hace esto, el resto se pondrá en su sitio.

Ahora bien, cuando conversamos con alguien, puede producirse un efecto instantáneo de pérdida de humor en forma de silencios incómodos. Para ser sinceros, todos hemos pasado por ello. A veces, estos silencios son tan chocantes que matan las conversaciones por completo, y ambas partes se van con un sabor de boca amargo. En el siguiente capítulo veremos qué es un silencio incómodo, por qué se produce y qué puedes hacer para evitarlo.

9

Cómo evitar los silencios incómodos

Sé lo insoportable que es esto.

Cuando crecía, uno de los mayores retos para aprender a conversar con la gente era superar los silencios incómodos.

Todos pasamos por estas fases, pequeñas cosas y pausas al hablar con los demás que nos hacen sentir como, *Dios mío, ¿qué voy a decir? ¿Cómo puedo dar un giro a esto?*

¿Cómo me aseguro de que esto no se vuelva más incómodo?

Cuando esto sucede, suele ser porque todas las partes de la conversación no saben qué decir porque el hilo se ha desviado en una dirección que no comprenden.

. . .

Esto puede ser un problema especial en las conversaciones espontáneas, a menudo porque no planeamos lo que vamos a decir de antemano y, por tanto, somos más propensos a decir cosas que resultan desagradables o inaceptables en determinadas condiciones sociales.

Los momentos de silencio surgen como resultado de que dos personas fuera de onda reconocen su propio malestar al mismo tiempo. Irónicamente, cada persona cree que es responsable del silencio incómodo. Sin embargo, en cualquier discusión siempre hay alguien que está un poco más seguro de sí mismo que el individuo con el que están conversando. El que se siente más seguro es el que se encarga de dirigir la discusión ya que tiene una base mucho más sólida.

Cuando la persona que tiene más seguridad o confianza en la discusión no toma la iniciativa, está mostrando su inseguridad. Toda la discusión se vuelve inútil para ambas partes como resultado de esta conducta. También puede haber mucha confusión sobre cómo llevar adelante una discusión y, a veces, también puede ser un caldo de cultivo para el resentimiento porque las personas tienen miedo de comunicarse cuando no entienden una situación particular, pero luego pueden sentir que *nunca tuvieron la oportunidad de hablar.*

. . .

Es complicado, sin duda.

De entrada, diré que si has tenido este tipo de silencios, por favor no sientas que es tu culpa. Incluso los oradores más experimentados te dirán que han participado en conversaciones en las que se han sentido muy desprovistos de profundidad y fuera de la zona de confort, y que el silencio ha sido tan debilitante que han querido salir corriendo de la conversación. Lo que marca la diferencia es comprender por qué se producen los silencios y no tener miedo. Esto te permite buscar soluciones constructivas para avanzar y conseguir que la conversación se reanude.

Antes de ver los consejos para evitar estos silencios, aquí tienes algunas indicaciones que debes recordar.

- En primer lugar, todas las conversaciones tendrán silencios. Esto es natural y también necesario. Las pausas en la conversación te permitirán procesar lo que sientes sobre una cosa determinada que se ha dicho y formar tus opiniones sobre lo que se ha dicho. Es fundamental que estas pausas permitan desarrollar tu propia voz y una mejor comprensión para corresponder a lo que dicen los demás.
- Las personas que se preocupan por los silencios incómodos suelen estar dispuestas a culparse a sí

mismas cuando la discusión llega a un punto muerto. Cuando algo sucede de forma orgánica, suele ser por lo que se estaba discutiendo en ese momento, y si se trata de algo serio, puede que sólo haga falta tiempo para pasar a otro tema.

- Si en una conversación dos personas se pusieran a cotorrear una tras otra, no habría ninguna posibilidad de entablar un diálogo constructivo porque *ninguno de los dos se tomaría el tiempo de escuchar o procesar lo que el otro está diciendo*. Así que no califiques todos los silencios como incómodos y recuerda que algunos silencios son realmente esenciales.
- Es posible que todos se hayan quedado sin cosas que decir, y ahora, deben reagruparse y decidir hacia dónde ir. Una transición fluida suele producirse cuando se puede terminar una discusión y pensar sin esfuerzo en qué decir a continuación.
- Todo el mundo puede detenerse a considerar un punto si es especialmente sugerente o perspicaz.
- La gente puede estar fatigada, apática o simplemente tener una irritabilidad abrumadora y preferir permanecer en silencio durante un tiempo.
- También hay que entender que, a veces, el contexto es clave para comprender por qué se producen los silencios incómodos y si son realmente incómodos. A veces, en medio de una conversación, una persona concreta puede darse

cuenta de que ha dicho algo que no debería haber dicho, y esto puede hacer que el silencio parezca un poco incómodo. Pero es saludable que no enfoques este tipo de silencio de esta manera y que simplemente le digas a la otra persona que está bien y que puede seguir compartiendo.

Esto puede tomar dos direcciones a partir de aquí: o bien la persona seguirá hablando del tema en cuestión, o bien sacará a relucir algo nuevo. En cualquier caso, le habrás reconfortado y le habrás hecho sentirse *escuchado*.

Dicho esto, las pausas en la conversación son un poco desagradables para todos los implicados. Aunque a ti no se te ocurra nada que decir inmediatamente, la otra persona puede hacerlo. Todos tienen la misma responsabilidad de garantizar que la conversación continúe. Por eso, aquí tienes algunos consejos para tener en cuenta si las cosas se te van de las manos.

- Cuando se trata de su propia narración, es una buena idea tener preparadas varias anécdotas. Ten en cuenta tus aficiones, intereses, trabajo y acontecimientos importantes de tu vida.
- Cuanto mayor sea el número de temas que puedas tratar, mayor será el número de oportunidades que tendrá la otra persona de averiguar o interesarse por lo que sabes. Hablar

con alguien requiere mucho trabajo si estás interesado en que participe, y puedes ayudar a aligerar tu tarea animando a la otra persona a pensar en cosas que deba discutir contigo.
- Tome nota de cualquier incoherencia en la información proporcionada por otros.
- Presta mucha atención y toma nota de toda la información que puedas tener sobre lo que estás escuchando. Si le acaban de informar de que estuvieron a punto de perderse el evento debido a la enfermedad de un familiar, pregunte cómo se encuentra ahora ese familiar. Si los dos han visto un programa en común, pregúntales qué les han parecido los personajes principales o los villanos, y sus puntos de vista sobre distintos aspectos del programa.
- A menudo, las personas necesitan señales del otro para reconocer que un tema de discusión es fascinante para ambos.
- Elimine sus dudas para evitar silencios incómodos.

A menudo, la sensación de incomodidad y las deficiencias de la personalidad, como las dudas sobre sí mismo, dan lugar a silencios incómodos. Cuando uno sale a socializar, no tiene tiempo para razonar sobre su malestar. Es necesario encogerse de hombros. Si es posible, sigue moviéndote. Si sientes que algo te sobrepasa, respira hondo y recuérdate a ti mismo que no se trata de una situación de "todo o nada".

No pasa nada por estar rodeado de gente, y no pasa nada por ser tú mismo a su alrededor.

Los silencios se producen de vez en cuando.

Todo depende de cómo respondas a ellos. Si mantienes la compostura y el control, te transmitirás a ti mismo y a los demás el mensaje de que lo que está ocurriendo es completamente natural y nada incómodo. Si mantienes la calma y sigues alguna de las ideas que te proponemos a continuación, conseguirás que la discusión vuelva a su cauce en un abrir y cerrar de ojos.

Cuando te paras a pensarlo, los silencios breves entre amigos cercanos ocurren todo el tiempo. Pero como se conocen, no se p r e o c u p a n por los silencios incómodos y se alegran de los momentos de tranquilidad. Sus charlas pueden incluir tantos silencios como una conversación entre dos individuos que acaban de conocerse, pero no parecen molestos por ello, y no perciben la interacción como incómoda y lenta.

La clave es llegar a un lugar de comodidad y dejar que las cosas fluyan de forma natural. No te preocupes si te cuesta un poco llegar a ese punto, porque a mí me costó años.

. . .

Cuanto más confianza adquieras, más cómodo te sentirás cuando las conversaciones se silencien.

En cuanto a la confianza, un rasgo importante de todo buen comunicador es el carisma. Por eso, en el próximo capítulo, veremos cómo puedes incorporar el carisma a tu personalidad.

10

Desarrollar su carisma

Muchas personas luchan con la capacidad de hablar con confianza en una serie de escenarios, incluyendo uno a uno, en grupos o frente a multitudes, entre otros. Es posible que una persona carismática no sólo exuda confianza en la comunicación, sino que también ayuda a los demás a sentirse seguros de sí mismos, lo que ayuda y refuerza el proceso de comunicación. Como resultado, cuando alguien posee carisma, el público en general lo nota inmediatamente.

Los miramos y los escuchamos hablar, y pensamos para nosotros mismos: "¡Vaya, ojalá pudiera pensar así!". Reconocen que una discusión exitosa es aquella en la que pueden involucrar a los demás y hacer que se sientan incluidos. Las personas carismáticas son seguras de sí mismas de buena manera, en lugar de ser arrogantes o engreídas.

. . .

Se trata de una característica personal que puede observarse en la forma en que una persona interactúa con los demás y que le ayuda a tener una mayor influencia sobre otras personas. Esta capacidad de captar la atención y hacer que los demás escuchen y sigan puede mostrarse en la comunicación por la forma en que alguien se presenta (por ejemplo, por la forma en que habla, lo que dice y cómo aparece mientras habla).

Las cualidades carismáticas fueron caracterizadas por los antiguos griegos como rasgos que eran dones de riqueza y gracia. Esta es una descripción apropiada para quienes piensan que la simpatía es una cualidad dada por Dios que se da naturalmente en ciertas personas pero no en otras.

Existe la idea errónea de que el carisma es algo con lo que se nace. En realidad, el carisma es un talento, algo que hay que adquirir y practicar.

¡Piensa! ¿Cuántas veces has visto a un individuo con un ostentoso despliegue de riqueza o una envidiable belleza física, pero en cuanto ha abierto la boca para hablar, se ha producido una instantánea ruptura de las ilusiones? Si la riqueza o la belleza física hicieran a las personas carismáticas, muchos de nuestros antepasados no habrían entrado en los libros de texto de historia.

. . .

El carisma no es una cualidad añadida por haber nacido en una familia acomodada. Se desarrolla. El carisma de una persona puede estar influenciado por varias cosas. Entre ellas están la confianza, el entusiasmo, los gestos apasionados y una personalidad poderosa. Las personas que destilan encanto suelen ser optimistas y seguras de sí mismas en su comunicación.

Teniendo esto en cuenta, veamos algunas formas en las que puedes aprender a desarrollar tu carisma y ser influyente en tus comunicaciones.

Comience a ejecutar más confianza en la forma en que habla mientras conversa con los demás. ¿Se ha dado cuenta de que cuando está en una conversación particular con la gente, sus ojos y su mente siempre se sienten atraídos por las personas que muestran más interés, que tienen los ojos iluminados y que exhiben toda un aura de *estar vivos?*

Esto no significa que las otras personas en la conversación no estén presentes. Simplemente significa que hay una persona que muestra una inmensa implicación a través de su expresividad, y cuando esto ocurre, nos sentimos naturalmente atraídos por ellos.

. . .

Nos sentimos vistos y escuchados, por lo que dirigimos nuestra conversación hacia ellos y queremos conocerlos mejor.

Así que para ser carismático, empieza por aprender a ser expresivo. Para ello, puedes empezar a practicar en casa frente a un espejo. Observa atentamente los movimientos de tus brazos, tus manos y todas tus expresiones faciales cuando estés hablando. Cuando converses contigo mismo, elige siempre un tema que te apasione. Esto le facilitará la comprensión de cómo involucrarse con lo que está diciendo en la mayor medida posible.

Complemente siempre lo que dice con historias y anécdotas personales. A la gente le encanta oír que algo de lo que se habla tiene también relación con los acontecimientos de la vida real. No queremos oír siempre cosas que no tienen conexión con lo que ocurre en el mundo real. Por eso, cuando alguien dice algo y lo refuta diciendo cómo está conectado con su vida, nos hace sentir que el tema en particular es más relatable.

Practica el arte de entender las expresiones de los demás.

. . .

Esto te llevará tiempo y paciencia, pero con el tiempo te acostumbrarás a leer a otras personas y sus sentimientos sobre un hilo de comunicación concreto.

Si, en algún momento, ves que las personas con las que te comunicas no te miran ni te miran directamente mientras hablas, significa que están perdiendo el interés.

Comprender pequeñas señales como ésta te ayudará a darte cuenta de cómo se sienten y de si tus palabras se ajustan a su longitud de onda.

Haz que los demás se sientan vistos y escuchados. Ya hemos tratado este punto en casi todos los capítulos y, a decir verdad, es una de las cosas más básicas que hay que hacer para que cualquier comunicación tenga éxito. Asegúrate de que los demás participantes en la comunicación no se sientan como si estuvieras intentando dominar toda la discusión y dales la oportunidad de compartir su opinión y sus comentarios.

Por último, y no puedo dejar de recalcarlo, utilice siempre un lenguaje sencillo. Puedes ser la persona más culta del planeta, pero si llenas tus discursos con una jerga difícil de relacionar, la gente perderá el interés por lo que tienes que decir, por muy interesante que sea lo contrario. Así que intenta siempre utilizar cosas sencillas, como "Este suceso ocurrió y estos son mis sentimientos al respecto". Recuerda que en la mayoría de los hilos de comunicación, la gente busca palabras y situaciones con las que pueda conectar, así que intenta siempre orientar tu conversación teniendo esto en cuenta.

Ahora ya entendemos lo importante que es una cualidad como el carisma para cautivar a tus oyentes. En el próximo capítulo profundizaremos en esta idea. Una de las características más definidas de una comunicación de éxito es mantener el interés de tu audiencia. Veamos cómo se puede conseguir.

11

Cómo cautivar a los oyentes

"LA CONFIANZA ES CAUTIVADORA. Es poderosa, y no se desvanece, y eso es infinitamente más interesante que la belleza". - Nina García

No sé si lo has experimentado alguna vez, pero en mi caso, he tenido la suerte de escuchar algunos intercambios de comunicación increíbles. Lo que marcó el tono de estos para mí fue lo cautivado que estaba por la fuente de la comunicación. *Siempre había algo en estos oradores.* Tenían carisma; tenían un aura que hacía que quisieras prestar atención a cada una de las palabras que salían de sus bocas. No se trataba sólo de lo que se decía, sino también de *cómo se decía, de la forma en* que nos llegaban los mensajes originales.

¿Por qué nos cautivan tanto ciertas personas? Si lo piensas, no tiene mucho que ver con la riqueza o la belleza física.

. . .

Eso es pasajero. Tarde o temprano, incluso la persona más bella del mundo tiene que abrir la boca para hablar, y si lo que sale de ella es un montón de tonterías confusas, nos apagará *al instante*.

Las personas cautivadoras lo son por su *presencia*. *Tienen* una cierta gravedad, una cierta fuerza en su orientación y en la forma en que dicen lo que tienen que decir. Saben cómo exponer su punto de vista y hacerlo de forma persuasiva. Se implican mucho en lo que hacen. Sobre todo, de las cosas en las que creen. ¿Has oído alguna vez la frase ``la confianza *es sexy*? Las personas cautivadoras lo saben y lo utilizan como mantra.

Otra cosa importante es que los oradores cautivadores *sienten de verdad* cada palabra que sale de su boca. Hablan con el corazón. Se suele decir que todo lo que hay que saber de una persona está en la primera conversación que se mantiene con ella, y más concretamente en los primeros minutos de esta primera conversación. Durante este pequeño periodo de tiempo, o bien encantarás a tu audiencia y la convencerás para que siga escuchando, o bien perderás su atención y tendrás que luchar a lo largo de tu conferencia para volver a captar su atención.

Los mejores discursos apelan a los intereses del público.

. . .

Cuando aprendes a expresar tu corazón y tus emociones, dentro de los límites de la razón (no espero que te pongas a llorar delante de ellos, a menos que el tema de debate lo requiera), consigues enganchar al público. Hay una gran diferencia entre expresarse con honestidad y dejar salir todos tus pensamientos más íntimos. Se trata simplemente de ser realista con lo que se dice y permitir que el público se identifique con ello.

Puedes ser sincero con ellos, lo que significa que tendrás una conexión personal. Podrá mostrarles que lo que está discutiendo es importante para usted, y ellos llegarán a verlo como importante para ellos también. Los presentadores que hablan con el corazón se dan cuenta de que es fundamental establecer una conexión con su público nada más subir al escenario. Utiliza anécdotas atractivas o cualquier otra cosa que haga que tu presentación sea más interesante y cercana a tu público.

No es necesario compartir un relato personal con el público.

Muchas veces, las personas creen que sus vidas no son lo suficientemente notables como para justificar que se cuente su historia.

Sin embargo, siempre hay una narrativa.

. . .

Cualquier cosa que ocurra en el mundo puede utilizarse para crear una narración, y siempre hay algo interesante sobre lo que escribir. El personaje de tu historia puede ser alguien que conozcas. Puede ser un amigo cercano, un conocido lejano o alguien con quien trabajas. Posiblemente, la persona que sea objeto de tu relato no tenga ninguna relación contigo, pero su experiencia sirve para ilustrar el punto que intentas transmitir.

Ahora bien, si te pareces a mí -y yo era tan torpe como el que más-, te preguntarás: *¿cómo puedo aprender a ser más cautivador?*

Se trata de un ejercicio de amor propio y de fomento de la confianza. Cuando aprendas a hacerlo, no sólo te convertirás en un buen comunicador, sino que también aumentarás la fe en ti mismo y en lo que dices. Cuando no tenemos confianza en lo que decimos a los demás, en realidad es una pobre muestra de cuánto creemos en nosotros mismos. Si no creemos en nosotros mismos, ¿cómo podemos esperar que los demás lo hagan?

Lo que me funcionó fue realmente el ejercicio del espejo.

. . .

Hemos hablado brevemente de este ejercicio en los capítulos anteriores.

Todas las noches, después del trabajo, me reservaba un tiempo para practicar lo que debía decir frente al espejo.

Por supuesto, mucho de esto está sujeto a ser cambiado más tarde. Aceptamos que en todas las discusiones habrá un nivel de espontaneidad, sobre todo si tenemos que pensar sobre la marcha.

Sin embargo, con este ejercicio, lo que realmente pretendemos es crear confianza en nosotros mismos, independientemente de lo espontánea que sea nuestra próxima conversación sin importar con quién y cuándo sea. Cuando hacemos esto, aceptamos que podemos abordar cualquier conversación, independientemente de lo difícil que pueda resultar.

Empieza a hacer este ejercicio reservando un tiempo rutinario para ti todos los días. Intenta mantener este tiempo fijo.

- Practica frente a un espejo grande, uno que sea suficiente para mostrar tu cara y la parte superior del cuerpo, incluidas las manos.

- Ten preparado un tema en tu mente. Puede ser cualquier tema, pero te aconsejo que empieces con algo genérico. Por ejemplo, imagina que te diriges a un amigo para contarle cómo te ha ido el día.
- Mantenga la mirada al frente, de frente a usted mismo. Comienza a hablar.
- Empieza siempre cada discurso que hagas con un saludo, y punto. Puede ser cualquier cosa; por ejemplo, un simple *buenos días* o *buenas tardes* o un *hola.*
- Manteniendo la vista al frente, elabora lentamente lo que tienes en mente. Diga cada palabra de forma clara y lenta. Mientras habla, intente también registrar en su mente lo que está diciendo. No dejes que la conversación te supere, sé consciente de cada palabra que sale de tu boca.

Puede que te sorprenda lo que revela este ejercicio. A menudo, cuando hablamos demasiado rápido, no tomamos conciencia de las palabras que salen de nuestra boca. Esto significa que seguimos parloteando al azar y, de repente, nos encontramos con que hemos perdido el hilo completo de lo que intentábamos decir. Obviamente, esto es negativo para el desarrollo de la confianza.

- A medida que te sientas más cómodo hablando contigo mismo frente al espejo, empieza a involucrar diferentes partes de tu cuerpo, como

los ojos y las manos. Utiliza las manos para mostrar tu pasión por un tema concreto. Muestra interés en tus ojos. Si se trata de un tema interesante, sonríe mientras hablas.
- Practica esto durante al menos dos semanas antes de pasar a un amigo cercano o a un familiar. Este es el siguiente paso en el ejercicio de fomento de la confianza.

Repite todos estos pasos con el amigo o el familiar hasta que te sientas cómodo en su presencia. Esto puede llevar algo más de tiempo, pero recuerda que ahora estás haciendo la transición para tener confianza *delante de los demás*.

Por último, llega el momento de pasar a hablar delante de los demás. Determina lo que quieres transmitir antes de decirlo. Intenta no sacar temas que no tengan relación con tu estado de ánimo actual.

- Aumente su visibilidad con un hecho fascinante o una historia convincente. De este modo, te harás más accesible.
- Comunicar e interactuar. Si su debate versa sobre los plazos, por ejemplo, podría incluir algunas de las dificultades que pueden tener los trabajadores para cumplir los plazos en su lugar de trabajo. Si la gente ve similitudes entre ellos mismos y la presentación, es más probable que se sientan atraídos por los consejos y las ideas.

- Utilice un lenguaje natural y personal en su presentación.
- Mantén la mente abierta a lo que la gente que te rodea tiene que decir.

Pronto llegará un momento en el que verás que realmente se están dejando cautivar por lo que tienes que decir. Cuando llegue ese día, sabrás que estás preparado para enfrentarte al mundo y cautivar a todos con tus palabras.

¡Puede que acabes sorprendiéndote a ti mismo con lo influyente que llegas a ser!

Siempre nos sentimos más atraídos por las personas interesantes. Estas personas siempre saben cómo hacer que una conversación sea afín y atractiva, lo que nos hace sentir que podemos conectar con ellas a nivel personal. En el próximo capítulo, veremos qué hace que un comunicador sea interesante.

12

Ser interesante

Este capítulo tiene mucho que ver con el anterior porque ser cautivador va unido a ser interesante.

Es fácil escuchar a la gente interesante. A nadie le gusta participar en una conversación aburrida que no cesa.

Cuando una persona sabe cómo hacer que los temas más aburridos sean interesantes, siempre llamará la atención de los demás.

Solía conocer a un hombre, llamémosle Alex. Alex era una persona que atraía a la gente. Simplemente tenía algo en él.

. . .

Siempre que salíamos a conocer a otras personas, sabía que, independientemente de que fueran mis amigos o los suyos, Alex siempre sería la estrella de todas las conversaciones.

No siempre tenía temas estelares de los que hablar. Lo principal era: *Alex sabía cómo hacer que los temas cotidianos fuesen conversacionales.* Hablaba de una cita de café con un amigo y hacía que sonara como la cita de café más bonita que alguien pudiera experimentar. Hablaba de una presentación en el trabajo y la hacía sonar como si fuera una experiencia interactiva en 3D.

¿Qué hacía a Alex tan diferente, tan *accesible?* Un día, sin poder ocultar mi curiosidad, se lo pregunté. Fue entonces cuando aprendí los cuatro secretos que rigen a todas las personas interesantes: *autenticidad, claridad, imaginación* y *conexión.*

Ser auténtico implica ser genuino y fiel a uno mismo. Uno se entiende a sí mismo, se acepta a sí mismo y se hace completamente dueño de sí mismo. Además, las investigaciones han demostrado que las personas auténticas son considerablemente más felices con su vida que las que no lo son.

. . .

Las personas auténticas no tienen miedo de seguir su propio camino, por muy difícil que parezca en ese momento.

Cuando las personas hacen lo que les hace sentir bien y lo que les resulta fácil, atraen cosas que están alineadas con sus valores y creencias. Se toman el tiempo necesario para descubrir quiénes son realmente y cómo quieren ser, al tiempo que valoran a otras personas por lo que son y les permiten hacer lo mismo. Esto se debe a que se han vuelto mucho más introspectivos, lo que les beneficia.

Las personas auténticas están mucho más abiertas a la introspección y la autorreflexión, lo que puede ser beneficioso para la ansiedad y la concentración. El resultado es que uno se relaja más y se preocupa menos por lo que puedan hacer los demás.

Algunas personas, sobre todo las que tienen poca autoestima, tienen dificultades para aceptar los cumplidos y siempre les preocupa que haya algo más en el elogio que un simple comentario. Esto dificulta la conversación porque existe la posibilidad de que les ofendas independientemente de lo que digas, ya que siempre buscan motivos ocultos.

Las personas auténticas elogian a los demás y lo hacen de verdad, en lugar de intentar impresionar a los demás con sus buenos modales. Simplemente se alegran por esa persona o creen que se ve bien con lo que lleva puesto, dependiendo de la situación.

Otra característica que poseen los individuos reales es que están más interesados en tener discusiones significativas y en escuchar verdaderamente lo que se dice. Les resulta más fácil dejar de lado las distracciones y los objetos de su entorno. Piensa en lo tentador que sería conversar con alguien sin preocuparse siempre de si tiene una agenda.

En última instancia, las personas prefieren pasar el tiempo con alguien que les anime a ser ellos mismos en lugar de alguien que se limite a decir lo que cree que debe decir.

La comunicación auténtica no es un procedimiento sencillo en el que las personas se limitan a decir lo que creen, sin tener en cuenta las repercusiones de sus actos. Para comunicar con éxito, primero hay que escuchar atentamente lo que dicen los demás.

Hay algunas cosas sencillas que puedes hacer para que tus conversaciones sean auténticas. Un aspecto fundamental de la comunicación genuina es aceptar la responsabilidad del mensaje que se comunica. Mediante el proceso de pedir opiniones, puedes ir más allá de lo que dices para asegurarte de que tu mensaje ha sido recibido correctamente.

También hay que evitar el lenguaje poco claro y la jerga técnica o especializada, ya que pueden ser malinterpretados.

Otro consejo esencial es ser conciso en el uso del lenguaje.

La comunicación auténtica implica prestar atención con más frecuencia de la que se habla y, mientras se escucha, hay que concentrarse en el orador y en el fondo de su mensaje, más que en cómo se debe reaccionar ante él. Sandberg dice que hay que decir siempre la verdad.

Esto implica que debe evitar hacer promesas que no podrá cumplir, así como evitar la sobregeneralización haciendo comentarios amplios que no representan necesariamente la realidad de la situación.

El siguiente rasgo importante es la claridad. No puedo dejar de insistir en la importancia de la claridad para evitar conflictos y malentendidos. Esto es especialmente importante si te comunicas con alguien a través de un mensaje de texto o un correo electrónico, donde lo que intentamos decir suele perderse en la traducción.

. . .

Es difícil transmitir el significado a otras personas si no muestras tu cara o la intensidad que sientes en ese momento, porque en esas circunstancias, lo único que tienen para interpretar es el texto.

El texto puede ser bastante subjetivo, y sus interpretaciones siempre están abiertas a diferentes tipos de significado.

Cuando pienses en la claridad, sobre todo en lo que se refiere a los mensajes que no vas a entregar en persona, intenta siempre que estos mensajes sean lo más sencillos, concisos y claros posible. Por ejemplo, si quieres que se haga algo, menciona específicamente lo que necesitas y por qué es importante. No te vayas por las ramas.

Cuando estás presente mientras te comunicas con otra persona, conseguir claridad es más sencillo porque puedes aclarar cualquier malentendido en ese momento.

Intente evitar el uso de una jerga excesiva en sus discursos.

Todos somos culpables de esto de vez en cuando, especialmente cuando el tema es algo cercano a nosotros.

· · ·

Tenemos que dar a conocer todo sobre un tema concreto en ese momento, con la esperanza de impresionar a las personas que nos escuchan.

Desgraciadamente, el resultado es que esto puede resultar abrumador para las personas que nos escuchan, y pierden el interés por lo que intentamos transmitir. Esto puede dar lugar a un gran malentendido. Por eso, para evitarlo, comience siempre las comunicaciones con una intención clara y precisa.

Conozca siempre a su público. A veces, la persona a la que nos dirigimos no está preparada para manejar emociones o situaciones concretas como nos gustaría. Si no somos sensibles a la forma en que les transmitimos las cosas, puede haber consecuencias. Para evitarlo, siempre es útil intentar comprender el estado de ánimo de la sala en la que se habla.

Si el ambiente es sombrío pero necesitas transmitir un mensaje, sé educado, hazles saber que comprendes su situación y pasa a comunicar tu mensaje.

La cuestión es que la claridad te permite navegar por la vida con intenciones claras. No sólo se produce una gran diferencia en la forma en que apareces en tus comunicaciones con los demás, sino que tus propios pensamientos y procesos se vuelven mucho más claros para ti mismo. Sin claridad, a menudo te confundes y no encuentras una dirección clara para las cosas que necesitan ser priorizadas, y cómo hacer para prestarles atención. Es importante que cultives la claridad en todos los aspectos de tu vida.

Lo siguiente importante es tener una imaginación activa. Reconozcámoslo, cuando los hilos de comunicación se vuelven unidireccionales, nos aburrimos y queremos salir. La mayoría de nosotros no queremos hablar sólo de temas formales ni sentir que no podemos relacionarnos con el interlocutor.

Para evitarlo, hay que relacionar lo que se dice con hechos de la propia vida o incluso de la vida de los conocidos sin que resulte ofensivo para ellos. Cuando se tiene una imaginación activa, se pueden compartir historias y anécdotas sobre las cosas que se dicen.

Cuando esto ocurre, las personas que participan en una comunicación concreta se relacionan con tu historia porque les ayuda a entender quién eres y de dónde vienes. Como humanos, somos animales intrínsecamente sociales, y a todos nos gusta estar en situaciones en las que nos sentimos conectados con el comunicador.

. . .

Tener imaginación es pensar o concebir algo nuevo o diferente, como un objeto o acontecimiento que no existe realmente. De este modo, los individuos pueden reunir sus ideas, que provienen de sus pensamientos, y convertirlas en algo nuevo. Cuando los individuos utilizan su imaginación, pueden romper los obstáculos para llegar a nuevas ideas.

Por decirlo de otro modo, la creatividad conduce a la innovación, que es fundamental para el avance de la humanidad en la escena mundial.

¿Has participado alguna vez en una conferencia en la que el tema era realmente interesante, pero se transmitía de una forma tan poco original que te aburrías y querías salir corriendo del lugar? Tú no quieres ser ese tipo de orador, ¿verdad? Así que busca historias originales e interesantes que puedas compartir con los demás cuando te comuniques con ellos. La imaginación es una herramienta poderosa porque te abre a todas las posibilidades.

Por último, tenemos la cualidad de establecer conexiones.

En el corazón de todas las conversaciones genuinas, tenemos conexiones. Las conexiones ayudan a la fuente de la comunicación a encontrar un terreno común con el receptor, para que éste pueda escuchar a la fuente y pensar: "*¡Ajá, me identifico completamente con eso!* Sin las conexiones, todas nuestras comunicaciones no tendrían sentido, porque entonces la gente escucha por obligación o por miedo, y no hay nada genuino.

Cuando conectas con alguien, todo gira en torno a él y te permite utilizar el poder que tienes sobre él.

Debes ser el primero en tender la mano para crear una conexión y establecer tu impacto.

Si hablas primero y haces que la otra persona se sienta cómoda, podrás establecer una relación al instante, ya que demostrarás que aprecias a la otra persona. Es increíble lo rápido que se puede establecer una conexión con los demás cuando no te importa dar un paso al frente. Cuando te dirijas a ellos primero, aumentarás inmediatamente tu atractivo con ellos.

Hay que estar dispuesto a dejar de lado el ego y dedicar la atención sólo a la otra persona. Para comprometerse con ellos a su nivel, hay que mostrar cierto grado de humildad.

. . .

Además, indica que das prioridad a lo que dicen los demás.

Podrás expresar tu afecto si te preocupas por ellos, y tu poder crecerá enormemente como resultado.

Las personas que no conectan no son capaces de compartir una parte de sí mismas con los demás. Algunos se aferran a sus emociones e ideas por diversas razones.

El temor al rechazo y la preocupación de que puedan hacer o decir algo que hiera a su pareja son las dos razones principales por las que los individuos en las relaciones luchan por crear vínculos.

Aunque este último sentimiento es importante, no comunicar lo que necesita de su cónyuge impide que la relación evolucione y crezca. La capacidad de crecer en cualquier relación es fundamental para mantener una conexión duradera y satisfactoria.

Todos los grandes oradores te dirán que cuando aprendes a comunicar, siempre debes *involucrar a* tu audiencia. Hable con ellos. Hazles saber que empatizas con el estado de ánimo en el que se encuentran. Hazles entender que todo lo que dices lo haces con la intención de ayudarles a resolver un problema o encontrar una solución, o porque quieres conocerles mejor.

Cuando pensamos en alguien que nos gusta mucho escuchar, normalmente siempre decimos que hay *una conexión*. Esto se debe a que siempre buscamos a otros como nosotros, otros que nos hagan sentir un poco menos solos y un poco más apreciados.

Las conexiones de primera mano nos proporcionan las posibilidades más significativas y valiosas, ya sea en nuestra vida profesional o personal. Las conexiones nos dan la oportunidad de ayudar a los demás, lo que significa que acabamos construyendo nuevas relaciones y sintiéndonos bien con nosotros mismos. ¿No es maravilloso?

Ser único es una gran ventaja tanto en el trabajo como en la vida cotidiana. La gente prefiere pasar tiempo contigo porque te encuentra atractivo, y es más probable que aprecien cada minuto que pasáis juntos si es interesante estar cerca de ti. Ser interesante es testimonio de una personalidad bien equilibrada.

- Sirve para suscitar el debate. La conversación es una vía de doble sentido que requiere la participación de ambas partes. ¿Qué es

exactamente lo que despierta tu interés? ¿Qué despierta exactamente el interés del oyente? El ida y vuelta es algo que a todos nos gusta hacer. Nos hace más simpáticos a los demás y a ellos más simpáticos a nosotros.
- Muestra la voluntad de considerar todas las opciones. La apreciación cultural puede mostrarse a través de la apertura mental.
- Abre la puerta a una plétora de nuevas oportunidades.

A la mayoría de nosotros nos resulta difícil ser completamente sinceros con nosotros mismos; por eso admiramos a quienes tienen el valor suficiente para hacerlo. Hay que ser valiente para dejar de lado las expectativas sociales y abrazar lo que realmente somos. Sin embargo, ser libre es el único estado en el que podemos hacer nuestro mejor trabajo y alcanzar todo nuestro potencial.

Para ser convincente, hay que abordar el tema desde un punto de vista distinto al habitual. Ser un gran conversador: es decir, tener la capacidad de atraer e involucrar a otras personas en la conversación, aunque sólo sea aportando algo al tema de la discusión.

. . .

En cambio, alguien que esté de acuerdo sin sentido o que se limite a repetir lo que se ha dicho, no es intrigante, a pesar de que usted pueda encontrarlo reconfortante.

La clave para crear un punto de vista intrigante es alimentar tu mente con cosas fascinantes en las que pensar. Esto puede incluir las novelas que lees, las series de televisión que ves o los audiolibros que escuchas en tu teléfono. También pueden ser los encuentros que has tenido, ya sea a través de viajes, dificultades o situaciones de alta presión.

Es una buena idea empezar por aprender más sobre el tema.

Aumente la lectura de libros y el visionado de películas. Anímate a contarle a alguien cualquier cosa nueva que hayas aprendido recientemente. No sólo les educarás, sino que también consolidarás lo que has aprendido y te establecerás como una fuente de información fascinante. Cuando tienes que enseñar algo, aprendes de verdad de lo que estás hablando.

Si has leído un libro fantástico, toma citas de él y utilízalas en tus debates. Crea una entrada en el blog o un artículo sobre él. Invita a los debates y a los comentarios.

. . .

Ser poco original es lo más opuesto a ser fascinante. Y mantener el mismo debate o compromiso una y otra vez es la forma más segura de volverse monótono y poco interesante.

Evite ser ese compañero de trabajo que sólo habla de sí mismo. El compañero que no puede dejar de hablar de lo mismo. El miembro de la familia que siempre está lamentándose y quejándose.

Además, no seas esa persona que se queda callada mientras los demás hablan. Prepara una lista de temas y esfuérzate por discutirlos con tus compañeros. Participa activamente en los debates y expresa tus opiniones. Deje claro a los demás que está participando de forma significativa.

Y en ese sentido, la creación de conexiones será el tema central de nuestro último capítulo. Dediquemos algún tiempo a estudiar el arte de construir conexiones antes de terminar nuestro viaje juntos.

13

Establecer conexiones significativas

Establecer relaciones sólidas con otras personas es un proceso serio que exige dedicación y esfuerzo por su parte. Tanto los individuos como la sociedad sufren el aislamiento social, ya que afecta gravemente a la salud. La soledad puede elevar los niveles de estrés, lo que puede provocar un peor sueño, un sistema inmunitario muy debilitado e incluso un deterioro cognitivo a largo plazo.

No sólo eso, sino que también puede tener un impacto perjudicial en la salud psicológica. Como el aislamiento nos empuja a profundizar en nosotros mismos, con el tiempo nos volvemos disociados, autocríticos y fríos. Las conexiones que tenemos con otras personas enriquecen nuestras vidas, no sólo a nivel emocional, sino también mental y físico.

Tener vínculos y relaciones estrechas tiene muchas ventajas.

. . .

Descubrimos el humor, el compañerismo, la comprensión, la emoción, la ternura, la compasión y una multitud de otros beneficios cuando nos relacionamos con la gente. Se ha demostrado que tener un fuerte sentido de conexión con la gente mejora nuestras emociones, nuestra salud y nuestro estilo de vida.

Cuando somos testigos de que otras personas hacen grandes cosas, nos animamos a hacer grandes cosas, y cuando vemos a nuestros semejantes enfrentarse a circunstancias difíciles, creemos que es nuestro deber seguir avanzando y no rendirnos.

Desarrollar conexiones saludables y significativas es, por tanto, un tipo de autocuidado necesario y un método alegre para contribuir a la mejora de la sociedad en su conjunto.

Todo el mundo quiere hacerse notar y ser comprendido. A pesar de ello, nuestras propias emociones y los acontecimientos que ocurren a nuestro alrededor a menudo nos impiden escuchar realmente. Sin embargo, el efecto de prestar toda la atención a alguien puede ser el factor más importante para desarrollar una relación genuina.

. . .

Esa persona especial que te llama porque necesita desahogarse es un ejemplo de relación auténtica.

Y tú estás encantado de aceptar la llamada porque te interesa escuchar lo que tenga que decir. Es el mismo individuo del que estarías encantado de saber si te llama para informarte de que le ha ocurrido algo realmente maravilloso. Te preocupas por su bienestar, ya sea positivo o negativo.

La inteligencia social es una expresión que se utiliza para describir la capacidad de captar las señales que permiten crear rápidamente conexiones y relacionarse con otra persona. Es posible que alguien tenga un gran intelecto libresco, pero no sea capaz de leer a otra persona.

Cuando se trata de entender el mundo, no hay nada que sustituya a la curiosidad genuina. Ser comprensivo e inquisitivo, así como estar atento a las señales, ayuda a establecer una relación genuina con otra persona. Las personas más abiertas tienen un ingenio agudo y quieren saber más sobre lo que dices.

Las conexiones más importantes son las mutuas. En esta conexión, ambas partes se benefician de la presencia de la otra. Para ello, las relaciones tienen que tener un significado y un contexto. El significado puede encontrarse en la capacidad de compartir la vulnerabilidad, intereses, valores y aficiones similares, etc.

Las relaciones significativas son requeridas por los seres humanos a un nivel biológico y fundamental. Entendemos que estamos programados para buscar un sentido a nuestras vidas, y nuestro crecimiento emocional a lo largo de la vida contribuye a ello.

Es fácil desilusionarse, perder la inspiración y la simpatía cuando no se tienen fuertes conexiones sociales. Somos animales sociales por naturaleza, y si no se satisfacen nuestras necesidades sociales, sufrimos intelectual, emocional y físicamente como resultado de nuestro aislamiento. Al fin y al cabo, todos nos definimos y nos sostenemos en cierta medida por quienes nos rodean. Las conexiones significativas contribuyen a una experiencia mejor y más satisfactoria en la vida de uno.

Cuando tienes una relación genuina, es más fácil entablar amistad con individuos con los que puedes contactar o reunirte cuando te sientes preocupado o deprimido. Del mismo modo, estos son los individuos con los que te pones en contacto cuando tienes noticias emocionantes que compartir con ellos y que no puedes esperar a contarles.

· · ·

Sé lo difícil que es establecer conexiones que importen.

Nuestra capacidad para conectar y relacionarnos con la gente es cada vez más difícil de conseguir como consecuencia de las interrupciones tecnológicas, que hacen extremadamente difícil escuchar y hablar de verdad con otras personas de nuestro entorno inmediato.

Hacemos malabares con varios trabajos y dedicamos más tiempo del que nunca antes habíamos dedicado, todo ello mientras intentamos estar a la altura de la imagen de perfección de las redes sociales.

Los jóvenes que se han criado en un entorno orientado a la tecnología pueden tener dificultades para concentrarse, ya que están sometidos a muchas cosas que ocurren a su alrededor. Como sus cerebros quieren distraerse, les resulta difícil prestar atención y relacionarse con sus compañeros.

La baja autoestima, las experiencias vitales con interacciones dolorosas, la melancolía, los problemas de confianza y otros problemas psicológicos son ejemplos de características internas que pueden dificultar la conexión con otra persona.

. . .

Para establecer una relación genuina, debes comprometerte e invertir en el proceso, así como aceptar la responsabilidad de tus acciones. A pesar de que es difícil, el esfuerzo merece la pena.

Comprender en qué consiste una relación significativa es necesario para construirla. Implica ser emocionalmente vulnerable en presencia de otra persona y ser honesto y abierto con ella. El acto de expresar amor a alguien, recibirlo a cambio y saber que realmente puedes confiar en alguien es una sensación reconfortante.

Para llevar a cabo estos actos se necesita un fuerte compromiso con la vulnerabilidad, la coherencia y el deseo de amar a alguien completa e incondicionalmente. Podemos y debemos tener conexiones significativas en nuestros matrimonios, amistades, interacciones con nuestros hijos e incluso nuestros vínculos con la comunidad en general.

La clave para entablar relaciones duraderas no se basa únicamente en lo que se dice a otras personas, sino también en el esfuerzo que se hace en el seguimiento. Significa que el trabajo no termina con una primera comunicación estelar.

Por supuesto, es un punto de vista fuerte. Pero a partir de ahí, hay que construir la casa. Considera que es el primer paso para ello., el resto dependerá de que te esfuerces de verdad por llevar la conexión adelante, de que reconozcas que disfrutas de la presencia de las personas con las que te comunicas en tu vida y que estás dispuesto a hacerles un hueco.

Partiendo de esta premisa, he aquí algunas cosas que puedes hacer para establecer conexiones más significativas con las personas que te rodean.

En primer lugar, recuerde siempre que está tratando con otra persona completa cuando se comunica con ella. Esta persona viene con su propio conjunto de sentimientos, emociones, agendas y sus propias capacidades para hacer frente a cualquier cosa que le transmitas.

Teniendo esto en cuenta, recuerde siempre comenzar su conversación preguntando cómo se siente la otra persona.

Esto le permitirá saber realmente cómo se encuentra la persona en ese día. Y, si eres capaz de calibrar que una persona en particular no está demasiado bien, puedes adaptar tus conversaciones para asegurarte de que no dices accidentalmente algo que acabe perjudicándola.

. . .

Los cimientos de cualquier conexión genuina se basan en la empatía. Cuando hablamos con los demás de esta manera -asegurándonos de averiguar cómo están y tratando de hacerles un hueco- y estamos abiertos a modificar nuestros enfoques hacia ellos basándonos en la comprensión de esto, formamos la primera base de la empatía.

Imagínate a ti mismo en este escenario particular. Digamos que tienes un día no muy bueno. Tus amigos te han propuesto una cita a ciegas, así que, aunque no estás dispuesto, decides salir para ver si podéis establecer una buena conexión.

Te encuentras con esta persona y, en lugar de hacer una sola pregunta sobre cómo te va ese día en particular, sigue hablando de su vida, sus problemas y sus éxitos. ¿Te parece que es alguien con quien te gustaría tener una segunda cita?

Ahora imagina otro escenario en el que conozcas a una persona que realmente te dé cabida a ti y a tus sentimientos, que te pregunte cómo te sientes y que empatice contigo. ¿Qué escenario es preferible?

En segundo lugar, para establecer una conexión genuina, hay que estar siempre abierto a la posibilidad de que algo que hayas dicho esté abierto a la interpretación y pueda resultar completamente falso.

A menudo, nuestros egos sacan lo mejor de nosotros. Esto significa que a menudo no podemos mirar más allá de nuestra propia percepción de lo que está bien y lo que está mal y, por ello, nuestras relaciones se resienten. Otro aspecto es que lo que es correcto para nosotros puede ser completamente erróneo para otra persona.

Así que, en cualquier situación, el concepto de lo correcto y lo incorrecto es bastante subjetivo y, a veces, tenemos que estar abiertos a que se modifiquen nuestros puntos de vista.

Por eso, cuando estés conversando con otra persona y digas algo con lo que no esté de acuerdo, no te limites a apartarla.

Al contrario, escucha lo que tiene que decir.

Por supuesto, lo que digan puede ser algo con lo que no estés de acuerdo. Pero en lugar de desestimarlo, elabora un argumento constructivo en el que expongas por qué te sientes de una manera determinada, y recuerda siempre que dos personas pueden estar de acuerdo en estar en desacuerdo.

· · ·

Las relaciones no son perfectas, y muchas de ellas están sujetas a prueba y error. Siempre tenemos discusiones con nuestros padres y familiares, y las demás conexiones que establecemos tampoco están exentas de ello. Como seres humanos, estamos sujetos a las diferencias de opinión, pero la clave aquí es no permitir que se interpongan en el camino de las conexiones genuinas.

Cuando tengas conexiones genuinas, seguirás teniendo desacuerdos y diferencias de opinión, pero lo que importará es no dejar que tu ego se interponga en el camino de la conversión hasta llegar a una solución mutua sobre cómo tratar las diferencias de opinión.

En tercer lugar, tómate un tiempo para las personas con las que intentas establecer alguna conexión. Dado el ritmo al que se mueve la sociedad contemporánea, a menudo olvidamos la importancia de ir más despacio y hacer las cosas paso a paso.

Cuando se trata de crear conexiones duraderas, hay que entender que requieren tiempo y mucha inversión por tu parte. Esto significa que, aunque tengas un horario de nueve a cinco y tu vida laboral sea bastante agitada, tienes que encontrar algún momento en el que puedas sentarte con tu pareja o con la persona con la que intentas establecer la conexión y compartir un momento genuino de conversación con ella.

Entiendo que esto puede ser un reto en las etapas iniciales.

Si es así, intenta encontrar una hora concreta todos los días, por ejemplo, entre las seis y las siete de la tarde, cuando hayas vuelto del trabajo.

Descansa, toma un refrigerio y siéntate frente a la persona o personas con las que quieres establecer una conexión o coge el teléfono y llámalas. Pasa un rato hablando con ellos, pregúntales sobre el día, comparte lo que ha pasado con los tuyos y cualquier otra cosa que haya ocurrido y de la que quieras hablar. A partir de aquí, es muy sencillo. La otra persona sólo quiere que te esfuerces. Cuando lo haces, les demuestras que estás dispuesto a hablar con ellos y a escucharles.

Para establecer una buena conexión, hay que escuchar a la gente. No te limites a hablar y no sigas compartiendo lo que sientes sobre un evento concreto si no hay comentarios al respecto.

. . .

Ya hemos tratado el tema de la escucha en capítulos anteriores, así que ya sabes lo importante que es en cualquier comunicación. Lo es aún más cuando se trata de construir una relación duradera. Alguna vez has sido testigo de una comunicación entre dos cónyuges en la que uno no deja de decirle al otro: "¡nunca me escuchas!". Normalmente, cuando esto ocurre en un hogar, como ocurriría en el mío, se produciría una gran pelea.

No estar abierto a escuchar a otra persona crea el terreno para muchos malentendidos y por ello, una de las personas implicadas en la comunicación siempre se siente desatendida. Esto se vuelve incómodo, y la persona se va sintiéndose insatisfecha. Es muy difícil remontar desde aquí.

Si es la primera vez que te comunicas con alguien, pregúntale por su día, luego háblale del tuyo y espera unos minutos para ver qué te responde.

No tengas miedo de señalar si encuentras algunas incoherencias en lo que alguien te dice. Por supuesto, hay que ser cortés y educado cuando se abre un canal de comunicación, pero eso no significa que haya que congraciarse o esforzarse demasiado.

. . .

A menudo, la gente busca la autenticidad, y quiere formar parte de un hilo de conversación en el que pueda averiguar si va mal y recibir una respuesta honesta. Así que sé sincero con tus sentimientos y reconoce siempre lo que te dicen dando tu propia opinión al respecto.

Lo que sigue es estar abierto a una discusión sana.

Obviamente, cuando se comunica un tema concreto, tú tendrás algo que decir sobre el asunto, y también los demás.

Es importante que todos mantengáis un sano nivel de respeto por los demás para que los canales de comunicación sean limpios.

Por último, cumple siempre con tus citas. Si has decidido quedar con alguien y acabas por no presentarte a algo que no es una emergencia, estás demostrando que no estás interesado.

La vida puede interponerse en el camino y, a menudo, no tenemos ganas de cumplir con las obligaciones sociales. Sin embargo, recuerda que la otra persona también ha hecho algunos sacrificios para estar presente y escucharte y dedicarte ese tiempo, que es tan precioso como el tuyo. Honra este sentimiento y preséntate.

Con esto, hemos llegado al final de nuestro viaje juntos. Antes de que te envíe a convertirte en el mejor comunicador que puedas ser, vamos a terminar con esto.

Conclusión

A decir verdad, no me convertí en un comunicador de éxito hasta que tuve veintitantos años. Para entonces, la propia vida me había alcanzado y sabía que no podía pasar el resto de mis días aislado.

Siempre había sido una persona introvertida, pero no me di cuenta hasta que esta soledad llegó a un punto de completa saturación. No evitaba la compañía humana porque no quisiera estar en presencia de otros. La evitaba porque tenía demasiado miedo de tropezar y cometer errores.

Así que, para terminar, te pediré que hagas algo contrario a la intuición. *Salga y hable con la gente. Por* supuesto, mientras estás dentro, puedes seguir practicando tus habilidades de comunicación, puedes leer y releer mi libro, puedes tomar indicaciones, tomar notas y llorar por lo difícil que puede ser la gente (créeme, no eres el único que piensa así).

Conclusión

Pero he aquí una simple verdad: siempre hay alguien que busca compañía, que quiere ser encontrado, ser comprendido y apreciado. A menos que salgas y conozcas a gente, nunca encontrarás a quienes se ajusten a tus nociones de buena compañía.

Las primeras veces pueden parecer una pesadilla. Ni siquiera voy a hacer que parezca fácil. He luchado durante días hasta que finalmente me enfrenté a un público y pensé: "No. *No voy a seguir dudando de lo que soy capaz. Tengo esto.* Si yo puedo sentirme así, tú también puedes.

La mayor lección de la vida no está en el capítulo final, sino en todos los pequeños que te llevan hasta el final. Está en las pruebas, las dificultades y la comprensión de que todo ser vivo lucha desde su nacimiento. Sí, es una zona de guerra.

Las crías de pájaro luchan durante días antes de aprender a volar. Los cachorros tienen que luchar a veces contra sus propios padres. No nos fijamos en estas cosas. Buscamos los resultados finales más obvios y reconfortantes.

¿Por qué?

¿Por qué no deberíamos celebrar también el viaje que nos lleva hasta allí? Cada silencio incómodo, cada minuto que pasamos en la ducha o en la cocina quemando nuestras comidas y pensando "*¡Eh, debería haber dicho eso!*" no es un testimonio de lo que se podría haber hecho mejor, sino del hecho de que nos hemos levantado, y estamos dispuestos a volver a intentarlo.

Así que no te rindas. Hagas lo que hagas, por muy desesperado que te sientas, recuerda que hay gente ahí fuera esperando conocerte y celebrarte.

Si me preguntaran cuál es el capítulo más importante de este libro, no podría señalar sólo uno. Todos son importantes, y todos te dotarán de las habilidades que necesitas para convertirte en un buen comunicador. Comencé este libro con un capítulo sobre el autoconocimiento, que para mí es una de las cualidades más importantes que se pueden trabajar. Hay un dicho popular de los millennials:

-No puedo creer que esté usando esto, pero aquí vamos -tu *vibración atrae a tu tribu*. Ya lo he dicho. Pero de verdad, esta es posiblemente una de las citas más reales que existen, por muy cursi que suene.

Cuando desarrollas la conciencia de ti mismo, te conviertes en tu mejor amigo. Entiendes tus capacidades y tus limitaciones, y sabes cómo acercarte a los demás con empatía. Así que recuerda siempre dedicar un tiempo a entender quién eres y a quererte cada día.

Asegúrate de que estás escuchando. Presta al presentador o a los demás participantes el debido respeto y atención. Si sigues interrumpiendo y no escuchas, es imposible hablar de algo importante o instructivo. Parece que intenta simplemente transmitir su mensaje, sin pensar en el efecto que tendrá.

Si nunca has conocido a alguien, debes hablar de temas banales para conocer al otro. En las conversaciones triviales tenemos la oportunidad de revelar sólo los aspectos de nosotros que queremos que los demás conozcan. Y esto es importante porque es la base para futuros desarrollos.

Sé amable con los demás. Sé divertido y espontáneo, sobre todo en las conversaciones ligeras en las que la gente te está conociendo. Te sorprenderá ver cómo al compartir historias divertidas puedes inspirar a otros a contribuir también. A todo el mundo le gusta reírse, y muchos encuentran la risa relajante y agradable.

Céntrese en crear conexiones duraderas. Intenta recordar que conversas porque quieres encontrar gente como tú, personas con las que tienes que pasar tiempo o que demandarán tus recursos. Teniendo esto en cuenta, busca siempre puntos que te ayuden a establecer relaciones genuinas, para tener gente a la que recurrir. Algunos nos comunicamos por placer o porque queremos ser oradores. Pero la mayoría de nosotros sólo buscamos amigos y compañeros.

Cuando entramos en estas relaciones con la idea de obtener beneficios a corto plazo, no construimos conexiones duraderas. Al cabo de unos días, nuestra superficialidad sale a relucir y volvemos a la casilla de salida. En lugar de pensar en los beneficios y en por qué deberías trabajar en tus conexiones, simplemente míralas como cosas que te mantendrán y te harán feliz.

Manténgase siempre abierto a discusiones sanas y sea compasivo. No sabes por lo que están pasando los demás a tu alrededor. Sin embargo, no vayas muy lejos en exceso y restringir lo que piensas porque tienes miedo de sus efectos en los demás. Hay una fina línea entre la compasión y el miedo; encuéntrala. Recuerda que, al igual que los demás tienen derecho a tu respeto, tú también tienes derecho al suyo. Sabrás cuándo se produce un desliz y acabas diciendo algo que no corresponde a una situación social concreta. Si esto ocurre, pide disculpas y sigue adelante. Los errores ocurren; tómalos como algo de lo que hay que aprender.

Por último, utilice este libro como su diario de demolición.

Haz lo que quieras: toma notas, ven y resalta las partes que te llamen la atención y añade tus propios puntos. Pero, *úselo*. No está pensado para que quede bonito en tu estantería o en tu biblioteca kindle, sino para que te ayude a descubrir partes de ti mismo que están latentes. No tienes ni idea de todo lo que eres capaz de hacer, y a veces, todo lo que necesitas es el más mínimo empujón. Habrá días difíciles. Días en los que querrás refugiarte en un agujero y no volver a enfrentarte a nadie. *Deja que esos días pasen.* A partir de hoy, conviértete en un estudiante de la vida. Toma cada día difícil como una oportunidad para aprender algo nuevo.

Ha sido un honor acompañarte en este viaje. Ahora, sin embargo, tú estás al mando. Cada vez que veas este libro, recuerda de lo que eres capaz. A veces, necesitamos recordatorios. Que esto te sirva como uno.

El mayor secreto para comunicarse con éxito es superarse a sí mismo.

Terminaré con un mantra que solía repetir cuando me retraía en mi interior, agotado y demasiado asustado por lo que diría en situaciones inapropiadas.

Deja de tener miedo.

Empieza a abrazar las posibilidades.

Bienvenido al comienzo de un nuevo viaje, uno en el que estás abierto a aprender que el mundo exterior no es todo espinas. Hay gente ahí fuera que quiere comunicarse contigo, que quiere establecer conexiones y formar relaciones duraderas. *Ve a buscarlas.*

www.ingramcontent.com/pod-product-compliance
Lightning Source LLC
LaVergne TN
LVHW021719060526
838200LV00050B/2757